Jörn-Christian Bierkamp

Das Diskriminierungsverbot im Arbeitsrecht

unter besonderer Berücksichtigung der Regelungen des AGG

www.salzwasserverlag.de

Bierkamp, Jörn-Christian

Das Diskriminierungsverbot im Arbeitsrecht

unter besonderer Berücksichtigung der Regelungen des AGG

1. Auflage 2008 | ISBN: 978-3-86741-119-6

© CT Salzwasser-Verlag GmbH & Co. KG, 2008.
Alle Rechte vorbehalten.

Die Deutsche Bibliothek verzeichnet diesen Titel in der
Deutschen Nationalbibliografie.
Bibliografische Daten sind unter http://dnb.ddb.de abrufbar.

V

Abbildungsverzeichnis

Abkürzungsverzeichnis

A

a.a.O.	am angegebenen Ort
Abb.	Abbildung
ABl.	Amtsblatt
Abs.	Absatz
ADG-E	Entwurf eines Gesetzes zur Umsetzung europäischer Antidiskriminierungsrichtlinien
a.F.	alte Fassung
AGG	Allgemeines Gleichbehandlungsgesetz
AiB	Arbeitsrecht im Betrieb (Zeitschrift)
ArbG	Arbeitsgericht
ArbGG	Arbeitsgerichtsgesetz
Art.	Artikel
AuA – Personal-Profi	Arbeit und Arbeitsrecht – Personal-Profi (Zeitschrift)
AÜG	Gesetz zur Regelung der gewerbsmäßigen Arbeitnehmerüberlassung – Arbeitnehmerüberlassungsgesetz –
Aufl.	Auflage

B

BAG	Bundesarbeitsgericht
BB	Betriebs-Berater (Zeitschrift)
Bearb.	Bearbeiter
Begr.	Begründer
Bek.	Bekanntmachung
ber.	berichtigt
BeschäftigtenschutzG	Gesetz zum Schutz vor sexueller Belästigung am Arbeitsplatz (Beschäftigtenschutzgesetz)
Beschl.	Beschluss
BetrVG	Betriebsverfassungsgesetz
BGB	Bürgerliches Gesetzbuch
BGBl. I	Bundesgesetzblatt Teil 1
BGBl. II	Bundesgesetzblatt Teil 2
BPersVG	Bundespersonalvertretungsgesetz
BRD	Bundesrepublik Deutschland
BR-Drucks.	Drucksache des Bundesrates
BremGBl.	Bremisches Gesetzblatt
bspw.	beispielsweise
BT-Drucks.	Drucksache des Deutschen Bundestages
BVerfG	Bundesverfassungsgericht
bzgl.	bezüglich
bzw.	beziehungsweise

C

CDU	Christlich-Demokratische Union Deutschlands

D

D.A.D.V.	Deutscher Antidiskriminierungsverband
DB	Der Betrieb (Zeitschrift)
Der Personalrat	Der Personalrat (Zeitschrift)
DGB	Deutscher Gewerkschaftsbund
d.h.	das heißt
DRiZ	Deutsche Richterzeitung
DNotZ	Deutsche Notar-Zeitschrift
DRK	Deutsches Rotes Kreuz
DStR	Deutsches Steuerrecht (Zeitschrift)

E

EAG	Europäische Atomgemeinschaft
EAGV	Vertrag zur Gründung der Europäischen Atomgemein-schaft
EG	Europäische Gemeinschaft
EGKSV	Vertrag über die Gründung der Europäischen Gemein-schaft für Kohle und Stahl
EG-Recht	Recht der Europäischen Gemeinschaften
EGV	Vertrag zur Gründung der Europäischen
EL	Ergänzungslieferung
EMRK	Europäische Konvention zum Schutze der Menschen-rechte und Grundfreiheiten
engl.	englisch(e[s]/[n])
etc.	et cetera (lateinisch: und so weiter)
EU	Europäische Union
EuG	Europäisches Gericht – vormals Gericht erster Instanz
EuGH	Europäischer Gerichtshof
EuGRZ	Europäische Grundrechte-Zeitschrift
EUV	Vertrag über die Europäische Union
EV	Vertrag über die Verfassung für Europa
EWG	Europäische Wirtschaftsgemeinschaft
EWGV	Vertrag zur Gründung der Europäischen Wirtschafts-gemeinschaft

F

f.	folgende
FA	Fachanwalt Arbeitsrecht (Zeitschrift)
ff.	fortfolgende
Fn.	Fußnote

G

GBl.	Gesetzblatt
GG	Grundgesetz für die Bundesrepublik Deutschland
ggf.	gegebenenfalls
grds.	grundsätzlich
Grundrechtscharta der EU	Charta der Grundrechte der Europäischen Union
GVBl.	Gesetz- und Verordnungsblatt
GVBlSchlH	Gesetz und Verordnungsblatt für das Land -Holstein
GVOBl. M-V	Gesetz- und Verordnungsblatt für das Land Mecklenburg-Vorpommern
GV.NW	Gesetz- und Verordnungsblatt für das Land Nordrhein-Westfalen

H

HAG	Heimarbeitsgesetz
HmbGVBl.	Hamburgisches Gesetz- und Verordnungsblatt
Hrsg.	Herausgeber
HzA	Handbuch zum Arbeitsrecht

I

i.d.F.	in der Fassung
ILO/IAO	International Labour Organisation/Internationale Arbeitsorganisation
i.S.	im Sinne
i.V.m.	in Verbindung mit

J

Jura	Juristische Ausbildung (Zeitschrift)
JZ	Juristenzeitung (Zeitschrift)

K

KSchG	Kündigungsschutzgesetz

L

LAG	Landesarbeitsgericht
LAGE	Entscheidungen der Landesarbeitsgerichte (Entscheidungssammlung)
lat.	lateinisch(e)

M

MDR	Monatsschrift für Deutsches Recht (Zeitschrift)

N

NdsGVBl.	Niedersächsisches Gesetz- und Verordnungsblatt
n.F.	neue Fassung
NJW	Neue Juristische Wochenschrift (Zeitschrift)
Nr.	Nummer
Nrn.	Nummern
NZA	Neue Zeitschrift für Arbeitsrecht

O

o.g.	oben genannt
o.J.	ohne Jahr
o.V.	ohne Verfasser

P

Personalführung	Personalführung (Zeitschrift)

R

RdA	Recht der Arbeit (Zeitschrift)
Rdnr.	Randnummer
Rdnrn.	Randnummern
RGBl.	Reichsgesetzblatt
Rs.	Rechtssache(n)

S

S.	Seite/Satz
SächsGVBl.	Sächsisches Gesetz- und Verordnungsblatt
SGB IV	Sozialgesetzbuch Viertes Buch – Gemeinsame Vorschriften für die Sozialversicherung –
SGB IX	Sozialgesetzbuch Neuntes Buch – Rehabilitation und Teilhabe behinderter Menschen –
Slg.	Sammlung der Rechtsprechung des Gerichtshofes und des Gerichts erster Instanz der Europäischen Gemeinschaften
sog.	sogenannt

SoldGG	Gesetz über die Gleichbehandlung der Soldatinnen und Soldaten (Soldatinnen- und Soldaten-Gleichstellungsgesetz)
SPD	Sozialdemokratische Partei Deutschlands
SprAuG	Gesetz über Sprecherausschüsse der leitenden Angestellten – Sprecherausschussgesetz
St.	Sankt

T

Tab.	Tabelle
TVG	Tarifvertragsgesetz
TzBfG	Gesetz über Teilzeitarbeit und befristete Arbeitsverträge (Teilzeit- und Befristungsgesetz)

U

u.a.	unter anderen/unter anderem
Urt.	Urteil
USA	United States of America
usw.	und so weiter

V

vgl.	vergleiche

W

WRV	Verfassung des Deutschen Reichs (Weimarer Reichsverfassung)

Z

z.B.	zum Beispiel
ZFA	Zeitschrift für Arbeitsrecht
ZIP	Zeitschrift für die gesamte Insolvenzpraxis
ZPO	Zivilprozessordnung

A Einleitung

Anlass für eine neue Bearbeitung der Gleichbehandlungsproblematik ist die Verabschiedung des „Gesetz(es) zur Umsetzung europäischer Richtlinien zur Verwirklichung des Grundsatzes der Gleichbehandlung" durch den deutschen Gesetzgeber am 14.8.2006[1]. Das vorbezeichnete Gesetz ist ein Artikel- oder Mantelgesetz[2], d.h. (das heißt) es ist ein Gesetz, das mehrere Gesetze ändert bzw. (beziehungsweise) verabschiedet. Durch Art. (Artikel) 1 des vorgenannten Gesetzes wird das AGG[3] (Allgemeines Gleichbehandlungsgesetz) und durch Art. 2 des vorstehenden Gesetzes wird das SoldGG[4] (Gesetz über die Gleichstellung der Soldatinnen und Soldaten) verabschiedet. Schließlich werden in Artikel 3 des vorbezeichneten Gesetzes andere Gesetze, wie z.B. (zum Beispiel) das BGB[5] (Bürgerliches Gesetzbuch), und das BetrVG[6] (Betriebsverfassungsgesetz) geändert. Das AGG hat schon vor seiner Verabschiedung durch den Gesetzgeber für viel Aufregung gesorgt: So soll laut der Wochenzeitschrift „Der Spiegel" Sachsens Justizminister Geert Mackenroth (CDU [Christlich-Demokratische Union Deutschlands]) gesagt haben, dass das geplante AGG über das Ziel der Umsetzung verschiedener EU-Richtlinien deutlich hinaus gehen würde und daher „so unnötig wie ein Kropf" sei[7]. Auch Unionsvertreter Gehb soll

---

1   BGBl. 2006 I (Bundesgesetzblatt Jahrgang 2006 Teil 1) S. (Seite) 1897.
2   Vgl. (vergleiche) Weidenkaff, Walter (Bearb. [Bearbeiter]), Artikelgesetz, in: Creifelds, Carl (Begr. [Begründer]), Weber, Klaus (Hrsg. [Herausgeber]), Rechtswörterbuch, S. 95, 18. neu bearbeitete Aufl. (Auflage) München 2004.
3   Vom 14.8.2006 (BGBl. 2006 I S. 1897), geändert durch Art. 8 Abs. 1 Gesetz zur Änderung des Betriebsrentengesetzes und anderer Gesetze vom 2.12.2006 (BGBl. 2006 I S. 2742).
4   Vom 14.8.2006 (BGBl. 2006 I S. 1897), geändert durch Art. 8 Abs. 2 Gesetz zur Änderung des Betriebsrentengesetzes und anderer Gesetze vom 2.12.2006 (BGBl. 2006 I S. 2742).
5   I.d.F. (in der Fassung) der Bek. (Bekanntmachung) vom 2.1.2002 (BGBl. 2002 I S. 42, ber. (berichtigt) S. 2909 und BGBl. 2003 I S. 738), zuletzt geändert durch Art. 8 Abs. 5 Gesetz zur Änderung des Betriebsrentengesetzes und anderer Gesetze vom 2.12.2006 (BGBl. 2006 I S. 2742).Art. 3 Gesetz zur Umsetzung europäischer Richtlinien zur Verwirklichung des Grundsatzes der Gleichbehandlung vom 14.8.2006 (BGBl. 2006 I S. 1897).
6   I.d.F. der Bek. vom 25.9.2001 (BGBl. 2001 I S. 2518), zuletzt geändert durch Art. 221 Neunte Zuständigkeitsanpassungsverordnung vom 31.10.2006 (BGBl. 2006 I S. 2407).
7   Vgl. o.V. (ohne Verfasser), Antidiskriminierungsgesetz – Über das Ziel hin-

sich nach dieser Wochenzeitschrift kritisch ggü. (gegenüber) der Verabschiedung des AGG geäußert haben. Er soll gesagt haben, dass das AGG wie ein „übelrichender Handkäse" sei, der lange in der Sonne gegammelt habe[8]. Im Gegensatz zu der vorstehend skizzierten Kritik befürwortete der DGB (Deutscher Gewerkschaftsbund) die Verabschiedung des AGG, bevor es beschlossen worden war. Er forderte, schnell ein wirksames Gesetz zur Verhinderung von Diskriminierung am Arbeitsplatz zu verabschieden, in dem den Akteuren im Betrieb die Überprüfung benachteiligender Strukturen übertragen wird, auch wenn das Gesetz über den reinen Wortlaut der umzusetzenden EU-Richtlinien hinausgehe[9]. Aber auch nach seinem Inkrafttreten im August 2006 ist das AGG zum Teil heftiger Kritik ausgesetzt: So wird z.B. bemängelt, dass lange Diskussionen und Anhörungen der Verbände und Stellungnahmen von allen Seiten, es nicht vermocht hätten, den „politischen Autismus" wirklich zu bremsen. Während die CDU noch im Wahlkampf versprochen hätte, die Vorgaben der Antidiskriminierungsrichtlinien gerade nur „eins zu eins" umzusetzen, sei davon nach der Wahl nicht mehr viel zu sehen gewesen. Nur zu willig sei die CDU dem Koalitionspartner SPD gefolgt, der sein Heil gern in staatlicher Regulierung finden würde. Durch die Verabschiedung des AGG sei ohne Not jede Menge vor allem amerikanischen Antidiskriminierungsrechts transponiert worden, obwohl dies wegen einer viel ausdifferenzierten Gesetzgebung und Dogmatik in Deutschland gar nicht nötig gewesen wäre[10]. Die hohen Emotionalität, mit der die politischen Akteure das Thema des Diskriminierungsverbots in Deutschland diskutieren, ist ein Indiz dafür, dass durch die Änderung des Gleichbehandlungsrechts in Deutschland gewichtige Interessen der Bürger tangiert werden. Gegenstand der Untersuchung wird es sein, herauszuarbeiten, welchen Interessenausgleich der Gesetzgeber im Arbeitsrecht zwischen den divergierenden Interessen der Beteiligten gefunden hat.

---

aus, in: Der Spiegel, Heft Nr. (Nummer) 18/2006, S. 22.

[8] Vgl. Alexander Neubacher (Bearb.), Reformen - „Übelrichender Handkäse", in: Der Spiegel, Heft Nr. 20/2006, S. 31.

[9] Sehrbrock, Ingrid (Bearb.), Allgemeines Gleichbehandlungsgesetz, Deutscher Gewerkschaftsbund, Bundesvorstand (Hrsg.), Informationen zum Arbeits- und Sozialrecht, Berlin, Ausgabe Juni 2006

[10] Vgl. Jünemann, Lothar, Lesen zwischen den Zeilen, Eine klare Judikatur zum AGG wird es erst in vielen Jahren geben, in: DRiZ (Deutsche Richterzeitung), Heft Oktober 2006, S. 270.

B Hauptteil

I. Grundlegende Begriffsbestimmungen

1. Arbeitsrecht, Arbeitnehmer

Arbeitsrecht ist das Sonderrecht der Arbeitnehmer[11]. Arbeitnehmer ist, wer auf Grund eines privatrechtlichen Vertrages zur Arbeit im Dienste eines anderen verpflichtet ist. Erforderlich und genügend für die Annahme eines Arbeitsverhältnisses ist, dass der Betreffende überhaupt, wenn auch nur in einem geringen Umfang, zur Erbringung von weisungsgebundener Arbeit vertraglich verpflichtet, also ein Verfügungsrecht des Arbeitgebers über einen Teil seiner Arbeitskraft gegeben ist[12]. Beamte, Richter und Soldaten sind keine Arbeitnehmer. Sie werden auf Grund Verwaltungsakt begründeter öffentlich-rechtlicher Dienstverhältnisse tätig, die jeweils durch Sondergesetz geregelt sind[13]. Da die Untersuchung auf das Diskriminierungsverbot im Arbeitsrecht beschränkt ist, wird die Diskriminierung in Beschäftigungsverhältnissen außerhalb des Geltungsbereichs des Arbeitsrechts nicht behandelt.

2. Diskriminierung

Das lat. (lateinisch[e]) „discriminare" hat zwei Bedeutungen: erstens Unterschiede zwischen Phänomenen wahrzunehmen, und zweitens Phänomene selektiv zu beurteilen. Es ist die letztere Bedeutung, die dem heutigen alltagssprachlichen Gebrauch von Diskriminierung am nächsten kommt: Der Begriff hat hiernach einen negativ bewertenden Sinn und bezeichnet eine ungerechtfertigte Ungleichbehandlung, also eine Benachteiligung. In gesellschaftlichen Zusammenhängen und auf Menschen bezogen bedeutet Diskriminierung dann eine unzulässige unterschiedliche Behandlung

---

[11] Guntz, Dieter (Bearb.), Arbeitsrecht, in: Rechtswörterbuch, a.a.O. (Fn. 2), S. 88.

[12] Preis, Ulrich (Bearb.), in: Dieterich, Thomas, Hanau, Peter, Schaub, Günter, (Begr.), Dieterich, Thomas, Müller-Glöge, Rudi, Preis, Ulrich (Hrsg.), Erfurter Kommentar zum Arbeitsrecht, Beck'sche Kurz-Kommentare, Band 51, 7. neu bearbeitete Aufl., München 2007, BGB § 611 Rdnr. 45.

[13] Preis, Ulrich (Bearb.), in: Erfurter Kommentar zum Arbeitsrecht, a.a.O. (Fn. 25), BGB § 611 Rdnr. 152.

von Menschen aufgrund gewisser Merkmale, die diesen Menschen zugeschrieben werden. Diese Sinngebung ist freilich eine Art moralischer Kategorie, keine juristische. Als Diskriminierung im juristischen Sinn lassen sich ungleiche Behandlungen von Menschen strenggenommen nur dann bezeichnen, wenn die Berücksichtigung der Merkmale, an die die Unterscheidung anknüpft, durch die Rechtsordnung untersagt ist [14]. Die Diskriminierung auf Grund von rassischer oder ethnischer Zugehörigkeit, Geschlecht, religiösen oder politisch-weltanschaulichen Überzeugungen, sexueller Orientierung, Alter, Zugehörigkeit zu einer bestimmten, mitunter stigmatisierten sozialen Gruppe wird als soziale Diskriminierung bezeichnet. Eine Folge sozialer Diskriminierung ist häufig die mit ihr einhergehende sozialökonomische Diskriminierung, worunter die objektiv feststell- und messbare Diskriminierung von Personengesamtheiten verstanden wird, z.B. Einkommensunterschiede oder Unterschiede im Qualifikationsniveau zwischen Männern und Frauen, Schwarzen und Weißen[15]. Eine wesentliche Unterscheidung von Diskriminierungshandlungen betrifft die Form der Diskriminierung: Benachteiligungen können einerseits in einer ungleichen Behandlung und andererseits in einer gleichen Behandlung liegen, die aber ungleiche und nachteilige Auswirkungen auf eine bestimmte Gruppe von Personen hat. Die erste Form der Diskriminierungshandlungen, also die ungleiche Behandlung, entspricht dem üblichen Verständnis von Diskriminierungen und bezeichnet auf Individuen bezogene Benachteiligungen, also direkte Diskriminierungen. Im anglo-amerikanischen Rechtskreis hat sich hierfür der Begriff „disparate treatment" eingebürgert. Die zweite Form von Diskriminierungshandlungen ist hingegen auf Gruppen von Personen bezogen: Hier geht es um Regelungen oder Praktiken, die auf den ersten Blick neutral wirken, weil sie für alle der Regelung oder Praxis Unterworfenen gelten und damit formell eine Gleichbehandlung bewirken, aber tatsächlich eine Gruppe der Unterworfenen stärker belastet als die andere. Für eine solche indirekte oder mittelbare Dis-

---

[14] Nickel, Rainer, Gleichheit und Differenz in der vielfältigen Republik, Plädoyer für ein erweitertes Antidiskriminierungsrecht, Baden-Baden 1999, S. 69.

[15] Vgl. Abtshagen, Joachim, Achterberg, Raphael, Ackermann, Karl-Ernst (Bearb.), Diskriminierung, in: Zwahr, Anette (Redaktionelle Leitung) Brockhaus Enzyklopädie in 30 Bänden, Band 7, DIEU-EMAR, 21. völlig neu bearbeitete Aufl., Leipzig, Mannheim 2006, S. 79.

kriminierung benutzt der anglo-amerikanische Rechtskreis die Bezeichnung „disparate impact patterns or practices". Auch diese Form der indirekten Diskriminierung ist als Diskriminierung im Rechtssinne anerkannt[16].

II. Das arbeitsrechtliche Diskriminierungsverbot im Völkerrecht

1. Individualschutz im Völkerrecht

Der Regelungsbereich des Völkerrechts sind die Beziehung zwischen Völkerrechtssubjekten. Gegenstand dieser Beziehungen und damit Regelungsgegenstand des Völkerrechts sind aber nicht nur die Grundbeziehungen zwischen den Subjekten wie bspw. (beispielsweise) der diplomatische und konsularische Verkehr oder die durch den Völkerrechtsbruch entstehenden neuen Rechtsbeziehungen im Rahmen der völkerrechtlichen Verantwortlichkeit, sondern auch und gerade jene innerstaatlichen/innerverbandlichen Beziehungen, welche die Völkerrechtssubjekte zu Personen oder Verbandseinheiten in ihrem Macht- und Einflussbereich unterhalten. Folglich erfasst der Regelungsbereich des Völkerrechts auch das Verhalten der Völkerrechtssubjekte ggü. dem Menschen, sowohl ggü. dem Einzelmenschen wie auch der durch gemeinsame Merkmale individualisierbaren Menschengruppe[17].

2. ILO

Die ILO ist eine Sonderorganisation der Vereinten Nationen mit dem Sitz in Genf[18]. Sie wurde im Jahr 1919 gegründet und war ursprünglich im System des Völkerbundes angesiedelt[19]. Die ILO be-

---

16 Nickel, Rainer, Gleichheit und Differenz in der vielfältigen Republik, a.a.O. (Fn. 27), S. 71.

17 Ipsen, Knut, Epping, Volker, v. Heinegg, Wolf Heintschel, Fischer, Horst, Gloria, Christian (Bearb.), Menzel, Eberhard, (Begr.), Völkerrecht, 5. völlig neu bearbeitete Aufl., München 2004, 11. Kapitel Rdnr. 1.

18 Weber, Klaus (Bearb.), Internationale Arbeitsorganisation, in: Rechtswörterbuch, a.a.O. (Fn. 2), S. 698.

19 Vgl. Böhmert, Sabine (Bearb.), Das Recht der ILO und sein Einfluß auf das deutsche Arbeitsrecht im Zeichen der europäischen Integration, in: Birk, Rolf, Sadowski, Dieter (Hrsg.), Studien zum ausländischen, vergleichenden und internationalen Arbeitsrecht, Institut für Arbeitsrecht und Arbeitsbeziehungen in der Europäischen Gemeinschaft, Trier, Band 15, Baden-Baden 2002, S. 23.

schreibt ihre geschichtliche Entwicklung selbst in einer von ihr he-
rausgegebenen Informationsschrift über ihre Funktion und Tätigkeit
folgendermaßen:

*„The ILO has been one of the most successful multilateral agencies in
fulfilling its mandate. If there is one lesson from eight decades of ILO his-
tory, it is that renewal, change and adaptation have been vital to its suc-
cess. Born at a fleeting moment of hope, it has lived through the Depression
and survived war. Conceived by and for the industrial countries in 1919,
the ILO moved swiftly and creatively to accommodate a massive increase in
membership in the two decades following the Second World War. In the
Period of the Cold War, it maintained its universality while insisting un-
compromisingly on its basic values. The end of the Cold War and the accel-
eration of globalization have compelled the Organization to rethink once
again its mission, programmes and methods of work [20].“*

Die BRD wurde im Jahr 1951 in die ILO aufgenommen. Im Jahr
2000 existierten 183 Übereinkommen, davon hat Deutschland 76
Übereinkommen ratifiziert, von denen 67 in Kraft sind. Im Novem-
ber 2000 waren 178 Staaten Mitglied der ILO[21]. Die Ziele der ILO
sind in der Präambel ihrer Verfassung[22] enthalten. Sie will allgemein

---

[20] O.V., International Labour Organization (Hrsg.), The ILO: What it is.What it
 does., S. 3, Genf, Schweiz, o.J. (ohne Jahr), Internet: http//www.ilo.org, Datum Zugriff und Ausdruck: 1.1.2007.

[21] Vgl. Böhmert, Sabine (Bearb.), Das Recht der ILO und sein Einfluß auf das
 deutsche Arbeitsrecht im Zeichen der europäischen Integration, in: Studien
 zum ausländischen, vergleichenden und internationalen Arbeitsrecht, a.a.O.
 (Fn. 32), S. 32.

[22] Verfassung der Internationalen Arbeitsorganisation. Der ursprüngliche, im
 Jahre 1919 aufgestellte Text der Verfassung ist zuletzt abgeändert worden
 durch Abänderungsurkunde vom 27.6.1972 mit Wirkung vom 1.11.1974
 (Bek. vom 21.11.1975 (BGBl. 1975 II S. 2206). Die Verfassung ist in den amtlichen ILO-Sprachen abgefasst (engl. [englisch] und französisch). Der deutsche Text ist nicht authentisch. Der deutsche Text ist z.B. in Nipperdey I, Arbeitsrechtliche Textsammlung, Loseblatt-Sammlung, München, Stand der
 Gesamtsammlung: 78. EL – Oktober 2006, Ordnungsnummer 1081, Stand
 der zitierten Textstelle: 49. EL – Dezember 1993, S. 1 ff. (fortfolgende), abgedruckt. Der in der vorgenannten Textsammlung abgedruckte deutsche Text
 bildet die im Einvernehmen mit Vertretern der Regierungen der BRD, der
 Republik Österreich und der Schweizerischen Eidgenossenschaft auf der im
 September 1955 in Freundschaft abgehaltenen Übersetzungskonferenz vereinbarte offizielle Übersetzung der französischen und engl. Urtexte der im
 Zeitpunkt dieser Konferenz geltenden Verfassung der Internationalen Arbeitsorganisation. Die engl. Fassung der Verfassung der ILO ist im Internet

gerechte und menschenwürdige Arbeitsbedingungen schaffen und durch Ausgleich des sozialen Gefälles dem Weltfrieden dienen[23]. Nach der o.g. (oben genannt[en]) Informationsschrift der ILO steht bei der vorgenannten Organisation zur Zeit insbesondere auch das Ziel der Beseitigung von Diskriminierungen des anderen Geschlechts auf der Agenda:

„Gender equality[24] is a key element of the ILO agenda of Decent Work for All Woman and Men, and along with development, is one of the cross-cutting issues of the four strategic objectives of Decent Work. Gender Equality is also a shared policy objective of the ILO Programme and Budget 2004-05. The ILO approach to gender equality is to mainstream gender concerns in all its policies and programmes. This includes gender-specific interventions based on gender analysis, which may target only women or only men, or woman and men together[25].

Es gibt diverse Übereinkommen der ILO im Bereich des Diskriminierungsverbotes von Arbeitnehmern. Das erste Übereinkommen der ILO in diesem Bereich betraf die sozialrechtliche Frage der Gleichstellung in- und ausländischer Arbeitnehmer bei Entschädigung für Berufsunfälle (Übereinkommen Nr. 19[26] von 1925). Das zweite Übereinkommen der ILO zur Frage der Nichtdiskriminierung ist das Einkommen Nr. 82[27] über Sozialpolitik von 1947. Einer der wichtigsten Gründe für Diskriminierung, nämlich die anhand des Geschlechts, ist Gegenstand des Übereinkommens Nr. 100[28] ü-

---

abrufbar unter: http://www.ilo.org/public/english/about/iloconst.htm, Datum Zugriff und Ausdruck: 01.01.2007.

23 Schaub, Günter (Bearb.), in: Schaub, Günther, Koch, Ulrich, Linck, Rüdiger (Hrsg.), Arbeitsrechts-Handbuch, Systematische Darstellung und Nachschlagewerk für die Praxis, 11. neu bearbeitete Aufl., München 2005, § 7 Rdnr. 20.

24 Gender equality (engl.) = Gleichheit von Mann und Frau.

25 O.V., The ILO: What it is. What it does., a.a.O. (Fn. 33), S. 27.

26 Das „Übereinkommen über die Gleichbehandlung einheimischer und ausländischer Arbeitnehmer in der Entschädigung bei Betriebsunfällen" vom 5.6.1925 ist am 8.9.1926 in Kraft getreten und am 18.9.1928 durch das Deutsche Reich ratifiziert worden.

27 Das „Übereinkommen über die Sozialpolitik in den außerhalb des Mutterlandes gelegenen Gebieten" vom 11.7.1947 ist am 19.6.1955 in Kraft getreten. Es wurde bisher noch nicht durch die BRD ratifiziert.

28 Das „Übereinkommen über die Gleichheit des Entgelts männlicher und weiblicher Arbeitskräfte für gleichwertige Arbeit" vom 29.6.1951 ist am 23.5.1953 in Kraft getreten und am 8.6.1956 von der BRD ratifiziert worden.

ber die Gleichheit des Entgelts weiblicher und männlicher Arbeitnehmer für gleichwertige Arbeit von 1951. Im Jahr 1958 wurde das Übereinkommen Nr. 111[29], das umfassende Diskriminierungsverbote ausspricht, verabschiedet. Schließlich wurde 1981 das Übereinkommen Nr. 156[30] über Arbeitnehmer mit Familienpflichten verabschiedet[31].

3. Die EMRK

Am 4.11.1950 beschlossen die Mitglieder des Europarats die EMRK, in der sie sich verpflichteten, allen ihrer Herrschaft unterstehenden Personen bestimmte Rechte und Freiheiten zu gewähren[32]. Der Europarat stellt eine von den europäischen Staaten im Jahre 1949 gebildete völkerrechtliche Organisation zur Förderung der Ideale und Grundsätze, die ihr gemeinsames Erbe bilden, sowie zur Förderung des wirtschaftlichen und sozialen Fortschritts dar. Im Jahr 1950 ist die BRD assoziiertes Mitglied, 1951 Vollmitglied des Europarates geworden[33]. Die EMRK wurde am 5.12.1952 durch die BRD ratifiziert[34] und trat am 3.9.1953 in Kraft[35]. Die EMRK, der zunächst nur 10 Mitgliedstaaten angehörten, hat sich in den vergangenen 50 Jahren zu einem internationalen Rechtsschutzsystem entwickelt, dem inzwischen 44 Mitgliedstaaten angehören und das

---

[29] Das „Übereinkommen über die Diskriminierung in Beschäftigung und Beruf" vom 25.6.1958 ist am 15.6.1960 in Kraft getreten und am 15.6.1961 von der BRD ratifiziert worden.

[30] Das „Übereinkommen über die Chancengleichheit und die Gleichbehandlung männlicher und weiblicher Arbeitnehmer: Arbeitnehmer mit Familienpflichten" vom 23.6.1981 ist am 11.8.1983 in Kraft getreten. Es wurde bisher noch nicht von der BRD ratifiziert.

[31] Vgl. Böhmert, Sabine (Bearb.), Das Recht der ILO und sein Einfluß auf das deutsche Arbeitsrecht im Zeichen der europäischen Integration, in: Studien zum ausländischen, vergleichenden und internationalen Arbeitsrecht, a.a.O. (Fn. 32), S. 118 f.

[32] Vgl. Weber, Klaus (Bearb.), Konvention zum Schutz der Menschenrechte und Grundfreiheiten, in: Rechtswörterbuch, a.a.O. (Fn. 2), S. 780.

[33] Ehlers, Dirk (Bearb.), in: Ehlers, Dirk (Hrsg.), Europäische Grundrechte und Grundfreiheiten, Berlin 2003, § 2 I, Rdnr. 2.

[34] Die Ratifizierung durch die BRD erfolgte unter dem Vorbehalt, dass Art. 7 Abs. 2 der Konvention nur in den Grenzen von Art. 103 Abs. 2 GG angewendet wird.

[35] Vgl. Bek. vom 15.12.1953 (BGBl. 1954 II S. 14). Die EMRK wurde zuletzt geändert durch Protokoll Nr. 11 vom 11.5.1994 (BGBl. 1995 II S. 579), in Kraft seit 1.11.1998, in der Neufassung vom 17.5.2002 (BGBl. 2002 II S. 1055).

durchaus mit dem der Verfassungsgerichtsbarkeit in nationalen Rechtsordnungen verglichen werden kann. Manche sprechen sogar von einer „Europäischen Grundrechtsverfassung". Der Europäische Gerichtshof für Menschenrechte selbst verwendet den Begriff „constitutional instrument of European Public Order"[36]. Die EMRK enthält keinen allgemeinen Gleichheitssatz, wie er in nationalen Verfassungen enthalten ist, sondern bloß das Diskriminierungsverbot gemäß Art. 14 EMRK[37]. Nach der vorgenannten Bestimmung ist der Genuss der in der EMRK anerkannten Rechte und Freiheiten ohne Diskriminierung insbesondere wegen des Geschlechts, der Rasse, der Hautfarbe, der Sprache, der Religion, sozialen Herkunft, der Zugehörigkeit zu einer nationalen Minderheit, des Vermögens, der Geburt oder eines sonstigen Status zu gewährleisten. Die Anwendung von Art. 14 EMRK setzt voraus, dass der Sachverhalt um den es geht, unter eine oder mehrere Vorschriften der Konvention oder Protokolle dazu fällt. Das bedeutet, dass Art. 14 anwendbar ist, wenn der Gegenstand der Schlechterstellung eine Form der Ausübung des garantierten Rechts ist oder die gerügte Maßnahme eng mit der Ausübung eines garantierten Rechts verbunden ist[38]. Art. 14 EMRK ergänzt die in der Konvention garantierten Grundrechte daher nur um das Gebot der Nichtdiskriminierung[39]. Art. 14 EMRK hat damit keine besondere arbeitsrechtliche Relevanz. Eine erhebliche Änderung der bisherigen Rechtslage ist jedoch in Protokoll Nr. 12 zur EMRK vorgesehen. Es ist am 4.11.2000 in Rom zur Unterschrift aufgelegt worden und auch durch Deutschland gezeichnet, aber nicht ratifiziert worden. Das Protokoll ist am 1.4.2005 in Kraft getreten[40]. Art. 1 Protokoll Nr. 12 schützt gegen Diskriminierungen durch eine Behörde, womit auch Gerichte und gesetzgebende Organe umfasst werden. Die Vertragsstaaten werden demgegenüber nicht verpflichtet, eine Diskriminierung zwischen Privatpersonen zu verhindern oder ihr abzuhelfen. Das Diskriminierungsverbot be-

---

[36] Walter, Christian (Bearb.), in: Europäische Grundrechte und Grundfreiheiten, a.a.O. (Fn. 46), § 1 II 1, Rdnr. 6.

[37] Grabenwarter, Christoph, Europäische Menschenrechtskonvention, Ein Studienbuch, 2. Aufl., München 2005, 3. Teil, 2. Kapitel, § 26 Rdnr. 1.

[38] Meyer-Ladewig, Jens, Europäische Menschenrechtskonvention, Handkommentar, NomosKommentar, 2. Aufl. Baden-Baden 2006, Art. 14, Rdnr. 5.

[39] Grabenwarter, Christoph, Europäische Menschenrechtskonvention, a.a.O. (Fn. 50), 3. Teil, 2. Kapitel, § 26 Rdnr. 2.

[40] Meyer-Ladewig, Jens, Europäische Menschenrechtskonvention, a.a.O. (Fn. 51), Art. 14, Rdnr. 3.

zieht sich anders als nach Art. 14 EMRK nicht nur auf die in der EMRK anerkannten Rechte und Freiheiten, sondern auf den Genuss eines jeden auf Gesetz beruhenden Rechts[41].

4. Die Europäische Sozialcharta

Ebenfalls unter der Ägide des Europarates wurde die Sozialcharta[42] ausgehandelt, die gemäß ihrer Präambel als sozialrechtliches Komplement zur EMRK gedacht ist[43]. Die europäische Sozialcharta wurde im Jahr 1996 grundlegend überarbeitet. Darin wird ein breites Spektrum von sozialen Rechten in Bereichen wie u.a. der Beschäftigung, der Bildung und der sozialen Sicherheit anerkannt. Während in der Charta aus dem Jahr 1961 lediglich in der Präambel auf den Grundsatz der Nichtdiskriminierung verwiesen wird, enthält die Europäische Sozialcharta in der revidierten Fassung[44] eine diesbezügliche Klausel in Teil V Art. E[45]:

„Der Genuss der in dieser Charta festgelegten Rechte muss ohne Unterscheidung insbesondere nach der Rasse, der Hautfarbe, dem Geschlecht, der Sprache, der Religion, der politischen oder sonstigen Anschauung, der nationalen oder sozialen Herkunft, der Gesundheit, der Zugehörigkeit zu einer nationalen Minderheit, der Geburt oder dem sonstigen Status gewährleistet sein."

---

[41] Meyer-Ladewig, Jens, Europäische Menschenrechtskonvention, a.a.O. (Fn. 51), Art. 14, Rdnr. 4.

[42] Europäische Sozialcharta vom 18.10.1961. Siehe hierzu das Gesetz vom 19.9.1964 (BGBl. 1964 II S. 1262) sowie die Bek. vom 9.8.1965 (BGBl. 1965 II S. 1122), wonach die Sozialcharta für die BRD am 26.2.1965 – ausgenommen die Art. 4 Abs. 4, 7 Abs. 1, 8 Abs. 2 und 4, 10 Abs. 4 – in Kraft getreten ist (vgl. Art. 20 der Sozialcharta).

[43] Ipsen, Knut, Epping, Volker, v. Heinegg, Wolf Heintschel (Bearb.), Menzel, Eberhard, (Begr.), Völkerrecht, a.a.O. (Fn. 30), 11. Kapitel, § 49 Rdnr. 1.

[44] Vom 3.5.1996. Die revidierte Fassung der Europäischen Sozialcharta wurde durch die BRD bisher noch nicht ratifiziert. Die revidierte Fassung ist im Internet in der nichtamtlichen deutschen Übersetzung abrufbar unter: http://conventions.coe.int/Treaty/ger/Treaties/Html/163.htm (Stand: 13.12.2006).

[45] Vgl. Bell, Mark, Die Bekämpfung von Diskriminierung mit Kollektivbeschwerden nach der Europäischen Sozialcharta, in: Europäische Zeitschrift zum Antidiskriminierungsrecht, Ausgabe Nr. 3, April 2006, S. 13.

III. Das arbeitsrechtliche Diskriminierungsverbot im Europarecht

1. Charakter und Erscheinungsformen des Gemeinschaftsrechts

Im Unterschied zu klassischen völkerrechtlichen Verträgen hat der EWGV (Vertrag zur Gründung der Europäischen Wirtschaftsgemeinschaft) – jetzt EGV – eine eigenständige supranationale Rechtsordnung geschaffen. Diese beruht auf der Beschränkung der nationalen Souveränität zu Gunsten der Gemeinschaft, die mit eigenen Hoheitsrechten ausgestattet ist. In der BRD ist diese Übertragung von Hoheitsrechten nach Art. 23 GG zulässig. Das Gemeinschaftsrecht beschränkt sich demnach nicht darauf, Rechte und Pflichten der Mitgliedstaaten zu begründen. Es greift vielmehr unmittelbar gestaltend in deren Rechtsordnungen ein. Es stellt einen Rechtskörper dar, der für die Mitgliedstaaten und deren Bürger verbindlich und auch von den innerstaatlichen Gerichten anzuwenden ist[46]. Seit dem EUV ist die EG Bestandteil der EU. Die EG ist also nicht etwa durch die EU ersetzt worden. Das durch Art. 8 EUV wesentlich geänderte Gemeinschaftsrecht ist nunmehr Teil des Rechts der EU, besteht aber als eigenständige Rechtsordnung fort[47].

2. Allgemeiner gemeinschaftsrechtlicher Gleichheitssatz

Es gibt im Gemeinschaftsrecht neben den im EGV ausdrücklich normierten Diskriminierungsverboten wie z.B. Art. 12 EGV, auch einen ungeschriebenen allgemeinen Gleichheitssatz im Rang eines Grundrechts, den der EuGH (Europäische[r] Gerichtshof) richterrechtlich entwickelt und in ständiger Rechtsprechung bestätigt hat[48]. Danach dürfen gleiche Sachverhalte nicht ungleich behandelt wer-

---

[46] Vgl. Wißmann, Helmut (Bearb.), in: Erfurter Kommentar zum Arbeitsrecht, a.a.O. (Fn. 25), EGV, Vorbemerkung zum EG, Rdnr. 1.

[47] Vgl. Wißmann, Helmut (Bearb.), in: Erfurter Kommentar zum Arbeitsrecht, a.a.O. (Fn. 25), EGV, Vorbemerkung zum EG, Rdnr. 2.

[48] Vgl. EuGH, Urt. (Urteil) vom 19.10.1977 verbundene Rs. (Rechtssache[n]) 117/76 und 16/77 (Ruckdeschel/Hauptzollamt Hamburg-St. [Sankt] Annen), Slg. (Sammlung der Rechtsprechung des Gerichtshofes und des Gerichts erster Instanz der Europäischen Gemeinschaften) 1977, S. 1777 Rdn. 7; EuGH, Urt. vom 25.10.1978, Rs. 125/77 (Koninklijke Scholten-Honig/Hoofdproduktschup voor Akkerbouwprodukten) Slg. 1978, S. 2004 Rdnrn. 25,27; EuGH, Urt. vom 10.1.1992, Rs. C-177/90 (Kühn), Slg. 1992, Teil I- S. 35 ff. (Rdnr. 18); aus jüngerer Zeit EuGH Urt. vom 17.9.2002, Rs. C-320/00 (Lawrence u.a.), Slg. 2002, Teil I S. 7325 ff., Rdnr. 12.

den, es sei denn, eine Ungleichbehandlung ist objektiv gerechtfertigt. Bereits Anfang der 70er Jahre stellte der EuGH fest, dass die Gleichbehandlung eines der Grundprinzipien des Gemeinschaftsrechts sei[49]. Die Beachtung der Grundrechte an sich gehöre zu den allgemeinen Rechtsgrundsätzen, deren Wahrung der EuGH zu sichern habe. Die Gewährleistung dieser Rechte müsse von den gemeinsamen Verfassungsüberlieferungen der Mitgliedstaaten getragen sein und sich zugleich in die Struktur und Ziele der Gemeinschaft einfügen[50]. Adressat des gemeinschaftsrechtlichen Gleichheitssatzes sind vor allem die Organe der Gemeinschaft, die Hoheitsbefugnisse ausüben. Eine unmittelbare Drittwirkung des allgemeinen gemeinschaftsrechtlichen Gleichheitssatzes ist nicht anzunehmen, auch wenn der EuGH dazu bislang noch keine Stellung bezogen hat. Der Gleichheitssatz gilt, wie andere Gemeinschaftsgrundrechte auch, nicht im Privatrechtsverkehr. Private und mithin auch Arbeitgeber können keine Grundrechtsadressaten sein. Neben den Gemeinschaftsorganen kommen lediglich noch die Mitgliedstaaten als Grundrechtsverpflichtete in Betracht, soweit sie Gemeinschaftsrecht gleichsam als verlängerter Arm der Gemeinschaft vollziehen, ohne dass ihnen ein eigener Gestaltungsspielraum belassen wird[51]. Als lex generalis[52] tritt der allgemeine Gleichheitssatz zurück, soweit spezielle Diskriminierungsverbote (Art. 12, 141 EGV) eingreifen. Auf der Grundlage des Art. 13 EGV erlassene sekundärrechtliche Diskriminierungsverbote gehen dem allgemeinen Gleichheitssatz nach[53].

3. Das Diskriminierungsverbot des Art. 12 EGV

Gemäß Art. 12 EGV ist jede Diskriminierung aus Gründen der Staatsangehörigkeit unbeschadet besonderer Bestimmungen des EGV in dessen Anwendungsbereich verboten. Das allgemeine Dis-

---

[49] EuGH Urt. vom 22.6.1972, Rs. 1/72 (Frilli/Belgien), Slg. 1972, S. 467, Rdnr. 19.
[50] Vgl. Lingscheid, Anja, Antidiskriminierung im Arbeitsrecht, Neue Entwicklungen im Gemeinschaftsrecht auf Grund der Richtlinien 2000/43/EG und 2000/78/EG und ihre Einführung in das deutsche Gleichbehandlungsrecht., Inaugural-Dissertation zur Erlangung der Doktorwürde einer Hohen Rechtswissenschaftlichen Fakultät der Universität zu Köln, Berlin 2004, S. 15.
[51] . Lingscheid, Anja, Antidiskriminierung im Arbeitsrecht, a.a.O. (Fn. 63), S. 18.
[52] Lex generalis (lat.) = allgemeines Gesetz, allgemein gehaltenes Gesetz.
[53] Lingscheid, Anja, Antidiskriminierung im Arbeitsrecht, a.a.O. (Fn. 63), S. 18.

kriminierungsverbot des Art. 12 EGV gilt im Anwendungsbereich des EGV. Erforderlich ist eine Verbindung zu Sachverhalten, die zumindest punktuell im EGV geregelt sind. Es ist zu den speziellen Diskriminierungsverboten der Grundfreiheiten subsidiär („unbeschadet besonderer Bestimmungen"). Der EuGH hat allerdings dadurch Verwirrung gestiftet, dass er Art. 12 EGV mehrmals auch neben den speziellen Diskriminierungsverboten herangezogen hat, um die Rechtswidrigkeit eines Verhaltens zu begründen[54]. Die speziellen Vorschriften sollten damit jedoch nicht verdrängt werden. Der EuGH machte vielmehr deutlich, dass der für Art. 12 EGV erforderliche Anwendungsbereich des Vertrages auch dann eröffnet sein kann, wenn die Grundfreiheiten zwar berührt, aber nicht konkret tatbestandlich einschlägig sind, und erfasst damit solche nationale Bestimmungen, die sich in ihrer Zielrichtung nicht gegen eine bestimmte Grundfreiheit richten, sondern allgemein und unspezifisch die Ausübung der Grundfreiheiten behindern können. Wie die speziellen Diskriminierungsverbote untersagt Art. 12 EGV eine ungerechtfertigte Ungleichbehandlung aus Gründen der Staatsangehörigkeit, lässt also objektiv vorhandene Rechtfertigungsgründe zu[55]. Art. 12 EGV wirkt mittelbar ggü. Privaten, wenn Art. 12 EGV eine staatliche Regelung verbietet, welche einen Privaten begünstigt. Darüber hinaus kann Art. 12 EGV Private direkt in privatrechtlichen Beziehungen verpflichten, wie auch die allgemein anerkannte Rechtsprechung zu den Art. 39, 141 EGV und den Diskriminierungsverboten des EGKSV (Vertrag über die Gründung der Europäischen Gemeinschaft für Kohle und Stahl)[56] zeigt. Maßgeblich sind die Ziele des Vertrages, die eine Erstreckung des Diskriminierungsverbotes auf alle Rechtsverhältnisse fordern[57]. Wenn Art. 12 EGV grds. (grundsätzlich) Private verpflichten kann, so steht der Umfang möglicher Verpflichtungen nur teilweise fest, einige Bereiche warten noch auf abschließende Klärung durch den Gerichtshof. Art. 12

---

54 Vgl. z.B. EuGH, Urt. vom 15.3.1994, Rs. C-45/93 (Kommission/Spanien), Slg. 1994, Teil I S. 911 ff., Rdnr. 10.
55 Streinz, Rudolf, Europarecht, 7. völlig neu bearbeitete Aufl., Heidelberg 2005, § 12 II 4, Rdnr. 794.
56 Vom 18.4.1951 (BGBl. 1952 II S. 447), zuletzt geändert durch Art. 4 Nizza-Vertrag vom 26.2.2001 (ABl. Nr. C 80 S. 36).
57 Bogdandy, von, Armin (Bearb.), in: Grabitz, Eberhard (Begr.), Hilf, Meinhard (Hrsg.), Das Recht der Europäischen Union, Band 1, EUV/EGV, Loseblatt-Sammlung, München, Stand des Gesamtwerkes: 30. EL –Juni 2006, EGV Art. 12, Rdnr. 26, Stand der zitierten Textstelle: 27. EL – Juni 2005.

kommt unmittelbar ggü. Privaten zur Anwendung, wenn sie ggü. einzelnen Individuen eine Machtposition innehaben, welche der eines Staates in einzelnen Hinsichten vergleichbar ist[58]. Die Rechtsprechung des Gerichtshofs deutet zunehmend darauf hin, dass Art. 12 EGV auch im allgemeinen privaten Verkehr und im konkreten Vertragsverhältnis Anwendung findet. Es wäre auch nur schwer einsehbar, warum Art. 12 EGV nicht wie Art. 141 ausgelegt werden kann. Weder Art. 12 EGV noch Art. 141 EGV gebieten eine allgemeine Gleichbehandlung, die in der Tat mit der Privatautonomie nicht vereinbar wäre, sondern beschränken die Privatautonomie nur an einzelnen Punkten aufgrund überragender Allgemeininteressen, in diesem Fall des Diskriminierungsverbots. Dies legt es nahe, Art. 12 EGV und Art. 141 EGV einheitlich auszulegen und Art. 12 EGV im Anwendungsbereich des Vertrages in Beziehung zwischen Privaten allgemein Geltung zuzusprechen. Im allgemeinen privaten Verkehr außerhalb vertraglicher oder ähnlicher Verbindungen spricht allerdings viel dafür, dass Art. 12 EGV die Frage des Eingehens einer privatrechtlichen Verbindung nicht erfasst. Angesichts der überragenden Bedeutung der Kontrahierungsfreiheit kann sich ein Kontrahierungszwang nur unter den qualifizierenden Merkmalen des Art. 82 EGV ergeben[59]. Da die Bestimmung des Art. 12 EGV auch im Privatrecht anzuwenden ist, bietet sie im Arbeitsrecht Schutz vor Diskriminierung im Zusammenhang mit der Staatsangehörigkeit von Arbeitnehmern aus Mitgliedstaaten der EU (Europäische[n] Union).

4. Das Diskriminierungsverbot in Art. 13 Abs. 1 EGV

Art. 13 EGV wurde durch den Amsterdamer Vertrag zum 1.5.1999 neu in den EGV eingefügt[60]. Art. 13 Abs. 1 EGV ermächtigt den Rat dazu, unbeschadet der sonstigen Bestimmungen des EGV, „im Rahmen der durch den Vertrag auf die Gemeinschaften übertragenen Zuständigkeiten auf Vorschlag der Kommission und nach

---

[58] Bogdandy, von, Armin (Bearb.), Das Recht der Europäischen Union, Band 1, a.a.O. (Fn. 70), EGV Art. 12, Rdnr. 27, Stand der zitierten Textstelle: 27. EL – Juni 2005.

[59] Bogdandy, von, Armin (Bearb.), Das Recht der Europäischen Union, Band 1, a.a.O. (Fn. 70), EGV Art. 12, Rdnr. 28, Stand der zitierten Textstelle: 27. EL – Juni 2005.

[60] Vgl. Lingscheid, Anja, Antidiskriminierung im Arbeitsrecht, a.a.O. (Fn. 63), S. 23.

Anhörung des Parlaments einstimmig geeignete Vorkehrungen (zu) treffen, um Diskriminierungen aus Gründen des Geschlechts, der Rasse, der ethnischen Herkunft, der Religion oder der Weltanschauung, einer Behinderung, des Alters oder der sexuellen Ausrichtung zu bekämpfen". Im Rahmen der Rechtsanwendung ist die Frage von grundlegender Bedeutung, ob Art. 13 Abs. 1 EGV ausschließlich eine Kompetenzgrundlage darstellt oder aber darüber hinaus Rechtswirkungen im Sinne eines (subjektive Rechte begründenden) unmittelbar anwendbaren Diskriminierungsverbotes entfaltet. Im letzteren Fall könnte sich der Einzelne ggü. den Gemeinschaftsorganen oder gar den Mitgliedstaaten unabhängig von säkundärrechtlichen Antidiskriminierungsmaßnahmen darauf berufen, im Anwendungsbereich des EGV nicht aus den in Art. 13 Abs. 1 EGV aufgeführten Gründen diskriminiert zu werden[61].

a) Ist Art. 13 Abs. 1 EGV lediglich eine Kompetenzgrundlage?

Hierfür spricht die grammatikalische Auslegung[62] der Vorschrift. Der Wortlaut von Art. 13 Abs. 1 EGV legt eher nahe, dass die vorgenannte Vorschrift eine Kompetenz begründet, Diskriminierungen bestimmter Personen oder Personengruppen entgegenzutreten und dass die Wahrung dieser Kompetenz dem Entschließungs- und Auswahlermessen des Rates obliegt[63].

b) Ist Art. 13 Abs. 1 EGV ein unmittelbar anwendbares Diskriminierungsverbot?

Dafür, dass Art. 13 Abs. 1 EGV ein unmittelbar anwendbares Diskriminierungsverbot ist, spricht jedoch die logische Interpretation[64] der Regelung. Aufgrund des Regelungsgehalts der Norm

---

[61] Bouchouaf, Ssoufian, Richter, Tobias, Reichweite und Grenzen des Art. 13 EGV – unmittelbar anwendbares Diskriminierungsverbot oder lediglich Kompetenznorm?, Jura (Juristische Ausbildung [Zeitschrift]), Heft Nr. 9/2006, S. 654.

[62] Die grammatikalische Auslegung geht von der Ausdrucksweise des Gesetzgebers aus und sucht den Inhalt der Norm aus der sprachlichen Fassung zu erkennen (Weidenkaff, Walter [Bearb.], Auslegung [Interpretation], in: Rechtswörterbuch, a.a.O. [Fn. 2], S. 127).

[63] Vgl. Bouchouaf, Ssoufian, Richter, Tobias, Reichweite und Grenzen des Art. 13 EGV – unmittelbar anwendbares Diskriminierungsverbot oder lediglich Kompetenznorm?, a.a.O. (Fn. 74), S. 654.

[64] Die logische Interpretation sucht Sinn und Zweck des Gesetzes zu erfassen

(„Diskriminierungen aus Gründen [...] zu bekämpfen") und ihren unmittelbaren menschenrechtlichen Bezügen ist es andererseits nicht abwegig, aus Art. 13 Abs. 1 EGV einen materiellrechtlichen Gehalt in Form eines Diskriminierungsverbots zu extrahieren. Die Menschenwürde hat nämlich neben dem individuellen Freiheitsrecht auch die elementare Rechtsgleichheit zur Existenzbedingung. Vor diesem Hintergrund ist Art. 13 Abs. 1 EGV nicht eine Kompetenzgrundlage wie jede andere: Der Unterschied liegt darin, dass Art. 13 Abs. 1 EGV dem Gemeinschaftsgesetzgeber ermöglicht, Maßnahmen zu ergreifen, welche letztlich unmittelbar den Schutz der Menschenwürde der Betroffenen bezwecken. Die Menschenwürde findet zwar im geltenden Primärrecht keine ausdrückliche Erwähnung; allerdings wird in einigen Rechtsakten des Sekundärrechts auf sie Bezug genommen. Deshalb ist Art. 13 Abs. 1 EGV auch Ausdruck eines materiellrechtlichen Diskriminierungsverbots[65].

c) Enthält Art. 13 Abs. 1 EGV ein subjektives Recht?

Es fragt sich, ob aus einem Art. 13 Abs. 1 EGV inhärenten Diskriminierungsverbot die Schlussfolgerung gezogen werden kann, dass die vorbezeichnete Vorschrift subjektive Rechte[66] vermittelt. Bei der Lösung des vorgenannten Problems hilft die genetische Auslegungsmethode[67] weiter: Art. 13 Abs. 1 EGV wurde als Kompetenzgrundlage konzipiert. Dieser Umstand macht deutlich, dass politischer Gestaltungswille notwendig ist, um subjektive Rechte des Einzelnen nach Art. 13 Abs. 1 EGV einzuführen. Das in dieser Norm

---

und aus dem Zusammenhang der Rechtssätze den Sinn der Einzelvorschrift und deren besonderen Zweck (teleologische Methode) abzuleiten (Weidenkaff, Walter [Bearb.], Auslegung [Interpretation], in: Rechtswörterbuch, a.a.O. [Fn. 2], S. 127).

[65] Vgl. Bouchouaf, Ssoufian, Richter, Tobias, Reichweite und Grenzen des Art. 13 EGV – unmittelbar anwendbares Diskriminierungsverbot oder lediglich Kompetenznorm?, a.a.O. (Fn. 74), S. 654.

[66] Ein subjektives Recht ist die vom objektiven Recht zum Schutze des einzelnen diesem verliehene Willensmacht. Damit ist ein subjektives Recht die Rechtsstellung, die einem Rechtssubjekt zur Durchsetzung seiner Interessen nach seinem Belieben eingeräumt ist (vgl. Weidenkaff, Walter [Bearb.], Subjektives Recht, in: Rechtswörterbuch, a.a.O. [Fn. 2], S. 1281).

[67] Die genetische Methode stützt sich auf die Entstehungsgeschichte des Gesetzes (vgl. Weidenkaff, Walter [Bearb.], Auslegung [Interpretation], in: Rechtswörterbuch, a.a.O. [Fn. 2], S. 127).

zum Ausdruck kommende Diskriminierungsverbot stellt einen Grundsatz dar, welcher einer Ausgestaltung und Präzisierung bedarf. Dies hat durch die Politik zu erfolgen, nicht durch die Rechtsanwendung. Fehlt der politische Wille, kann das Diskriminierungsverbot nicht ohne weiteres in ein Grundrecht umschlagen[68].

d) Reichweite und Inhalt des Art. 13 Abs. 1 EGV

Der Rat kann selbst darüber entscheiden, ob er überhaupt eine Maßnahme auf der Grundlage des Art. 13 Abs. 1 EGV ergreift. Macht er davon Gebrauch, ist er im Rahmen der angegebenen Grenzen bei der Gestaltung der Maßnahme frei. Der EGV spricht von Vorkehrungen. Der Rat ist daher nicht an einen bestimmten Rechtsakt gebunden; er ist auch nicht auf die Rechtsetzung beschränkt. Ist so dem Rat ein weites Ermessen eingeräumt, darf er doch keine Ermessensfehler begehen[69]. Der Rat hat einen weiten Handlungsspielraum. Neben den Rechtsakten i.S. (im Sinne) des Art. 249 EGV kommen auch sonstige gebräuchliche Maßnahmen sui generis[70], wie Aktionspläne bzw. -programme in Betracht. Art. 13 Abs. 1 EGV dient in diesem Rahmen der Absicherung der Menschenrechte und soll die Gemeinschaft ihren Bürgern näher bringen. Die vorgenannte Vorschrift ist zwar keine spezifische sozialpolitische und damit arbeitsrechtliche Ermächtigungsnorm, jedoch ermächtigt sie eben auch zur Rechtsetzung in diesem Bereich, wie die Richtlinien 2000/43/EG und 2000/78/EG[71] zeigen. Anders als Art. 12 EGV, der nur unbeschadet besonderer Bestimmungen des EGV anwendbar und somit subsidiär ggü. besonderen Diskriminierungsverboten ist, bedeutet die Formulierung „unbeschadet der sonstigen Bestimmungen dieses Vertrages"in Art. 13 Abs 1 EGV, dass Antidiskriminierungsregelungen in Maßnahmen neben Art. 13 Abs. 1 EGV auch

---

68   Vgl. Bouchouaf, Ssoufian, Richter, Tobias, Reichweite und Grenzen des Art. 13 EGV – unmittelbar anwendbares Diskriminierungsverbot oder lediglich Kompetenznorm?, a.a.O. (Fn. 74), S. 655.
69   Zuleeg, Manfred (Bearb.), in: von der Groeben, Hans, Schwarze, Jürgen (Hrsg.), Kommentar zum Vertrag über die Europäische Union und zur Gründung der Europäischen Gemeinschaft, Band 1, Art. 1-53 EUV, Art. 1-80 EGV, 6. Aufl. Baden-Baden 2003, Artikel 13 EG Rdnr. 2.
70   Sui generis (lat.) = von eigener Art.
71   Richtlinie 2000/78/EG des Rates zur Festlegung eines allgemeinen Rahmens für die Verwirklichung der Gleichbehandlung in Beschäftigung und Beruf vom 27.11.2000 (ABl. Nr. L 303/16).

kumulativ auf andere Ermächtigungsnormen des EGV gestützt werden können. Gemeint sind damit Ermächtigungsnormen insbesondere aus dem Bereich der Sozialpolitik (Art. 137 Abs. 1 EGV), die zwar nicht speziell das Ziel der Antidiskriminierung verfolgen, aber Bereiche abdecken, in denen Diskriminierungen auf Grund der in Art. 13 Abs. 1 EGV genannten Gründe eine Rolle spielen. Art. 13 Abs. 1 EGV ist infolge der Formulierung „im Rahmen der durch den Vertrag auf die Gemeinschaft übertragenen Zuständigkeiten" eng an bestehende Gemeinschaftskompetenzen nach dem EGV gebunden und daher keine allumfassende Rechtsetzungsbefugnis[72]. Auf Grund seiner weit gefassten Anwendungsmöglichkeiten wird Art. 13 EGV eine Schlüsselrolle in der künftigen Gleichbehandlungsproblematik der Gemeinschaft zugesprochen, die vom Mainstreaming[73]-Ansatz geprägt sein wird. Unter diesem Aspekt werden sogar längerfristige Auswirkungen auf die Rechtsprechung des EuGH zur Gleichbehandlung möglicherweise hin zu einem eigenen Grundsatz nicht ausgeschlossen. Der EuGH wendet den allgemeinen Grundsatz der Gleichbehandlung bisher nicht an, wenn der Einzelne wegen eines Merkmals diskriminiert wird, das nicht im EGV erwähnt ist. Bleibt es bei dieser Haltung, stellt Art. 13 I EGV eher eine Bremse in der Entwicklung eines allgemeinen Gleichbehandlungsgrundsatzes dar als ein Sprungbrett für eine dynamische Auslegung[74].

5. Das Diskriminierungsverbot des Art. 141 EGV

a) Normzweck

Art. 119 a.F. (alte Fassung) EGV begründete lediglich eine rechtliche Verpflichtung der Mitgliedstaaten zur Anwendung des Entgeltgleichheitsgrundsatzes. Ursprünglich sollten dadurch Länder, die diesen Grundsatz bereits vorgeschrieben hatten, vor Wettbewerbsnachteilen ggü. anderen EG-Staaten geschützt werden. Durch den Vertrag von Amsterdam[75] wurde Art. 119 a.F. EGV in-

---

[72] Lingscheid, Anja, Antidiskriminierung im Arbeitsrecht, a.a.O. (Fn. 63), S. 23 f.

[73] Mainstream (engl.) = Hauptströmung, -strom, vorherrschende Richtung.

[74] Lingscheid, Anja, Antidiskriminierung im Arbeitsrecht, a.a.O. (Fn. 63), S. 24 f.

[75] Vom 2.10.1997 (BGBl. 1997 II S. 387).

haltlich neu gefasst und erweitert. Der daraus hervorgegangene Art. 141 EGV enthält drei selbstständige Teile, die sich nicht mehr nur noch mit der Entgeltgleichheit, sondern generell mit der Gleichbehandlung der Geschlechter im Arbeitsleben befassen[76]. Als allgemeiner Rechtsgrundsatz des Gemeinschaftsrechts bindet der Grundsatz der Gleichbehandlung zunächst die Gemeinschaftsorgane. Eine Bindung der Mitgliedstaaten ist dann anzunehmen, wenn diese in Ausführung von zwingendem Gemeinschaftsrecht handeln. In diesem Fall nämlich wird – jedenfalls im Grundsatz – Grundrechtsschutz allein über die zugrunde liegende gemeinschaftsrechtliche Norm gewährt, nicht aber unter Rückgriff auf die nationale Grundrechtsordnung[77]. Darüber hinaus wird die Existenz eines allgemeinen primärrechtlichen arbeitsrechtlichen Gleichbehandlungsgebots bejaht[78]. Auf dieses Grundrecht können sich die Unionsbürger nicht nur ihrem eigenen Staat, sondern auch privaten Dritten ggü. berufen; daher unterliegen Verträge mit öffentlichen und privaten Arbeitgebern gleichermaßen den Anforderungen des Gemeinschaftsrechts. In beiden Fällen wird ein subjektives Recht der Arbeitnehmer begründet, bei gleicher oder gleichwertiger Arbeit ohne Rücksicht auf das Geschlecht gleich entlohnt zu werden. Aus dem nur an die Mitgliedstaaten gerichteten Wortlaut der Norm ergibt sich dies zwar nicht, doch sieht der EuGH die Mitgliedstaaten als verpflichtet an, die Wirksamkeit der Vertragsbestimmungen umfassend zu garantieren, weil sie sich durch den Vertragsschluß zum Erreichen des Ziels „Entgeltfreiheit" verpflichtet haben. Dieses Ziel ist ggf. (gegebenenfalls) von den mitgliedstaatlichen Gerichten dadurch sicher zu stellen, dass sie bei fehlender nationaler Rechtsnorm die Entgeltgleichheit nach den Vorgaben des Art. 141 EGV durchsetzen. Dies ergibt auch eine Auslegung nach dem Wortlaut der Norm, denn in Art. 141 Abs 1 EGV heißt es „Jeder Mitgliedstaat stellt die Anwendung (…) sicher." Neben der Bestimmung zur Entgeltgleichheit enthält Art. 141 Abs. 3 EGV eine Rechtsgrundlage für Maßnah-

---

[76] Schlachter, Monika (Bearb.), in: Erfurter Kommentar zum Arbeitsrecht, a.a.O. (Fn. 25), Art. 141 (ex-Art. 119) EGV, Rdnr. 1.

[77] Vgl. Langenfeld, Christiane (Bearb.), in: Das Recht der Europäischen Union, Band 2, EUV/EGV, a.a.O. (Fn. 70), Art. 141 EGV, Rdnr. 3, Stand der zitierten Textstelle: EL 19 – Februar 2002.

[78] Langenfeld, Christiane (Bearb.), in: Das Recht der Europäischen Union, Band 2, EUV/EGV, a.a.O. (Fn. 70), Art. 141 EGV, Rdnr. 4, Stand der zitierten Textstelle: EL 19 – Februar 2002.

men der Gemeinschaft zur „Gewährleistung des Grundsatzes der Chancengleichheit". Ergänzt wird die Erweiterung durch eine Öffnungsklausel zugunsten von Rechtsakten der Mitgliedstaaten, die spezifisch am Nachteilsausgleich orientierte Begünstigungen beibehalten oder einführen wollen[79].

b) Inhalt und Reichweite des Grundsatzes der Entgeltgleichheit in Art. 141 Abs. 1 EGV

Art. 141 Abs. 1 EGV untersagt unmittelbare und mittelbare Diskriminierungen in Bezug auf das Entgelt[80]. Eine unmittelbare Diskriminierung auf Grund des Geschlechts ist gegeben, wenn die unterschiedliche Behandlung ausdrücklich mit dem Geschlecht begründet wird. Dies ist auch der Fall, Die Verweigerung der Einstellung/Entlassung einer Arbeitnehmerin mit dem Bestehen einer Schwangerschaft der Arbeitnehmerin begründet wird[81]. Eine mittelbare Diskriminierung liegt vor, wenn folgende Voraussetzungen kumulativ[82] erfüllt sind:

➢ Die in Rede stehende Maßnahme knüpft formal nicht an das Geschlecht, sondern an geschlechtsunspezifische Merkmale an (z.B. Teilzeitarbeit, geringfügige Arbeit, Dauer der Betriebszugehörigkeit)[83].

➢ Durch die Regelung werden erheblich mehr Angehörige eines Geschlechts tatsächlich nachteilig betroffen[84].

---

[79] Schlachter, Monika (Bearb.), in: : Erfurter Kommentar zum Arbeitsrecht, a.a.O. (Fn. 25), Art. 141 (ex-Art. 119) EGV, Rdnr. 1.

[80] Langenfeld, Christiane (Bearb.), in: Das Recht der Europäischen Union, Band 2, EUV/EGV, a.a.O. (Fn. 70), Art. 141 EGV, Rdnr. 19, Stand der zitierten Textstelle: EL 19 – Februar 2002.

[81] Vgl. Langenfeld, Christiane (Bearb.), in: Das Recht der Europäischen Union, Band 2, EUV/EGV, a.a.O. (Fn. 70), Art. 141 EGV, Rdnr. 21, Stand der zitierten Textstelle: EL 19 – Februar 2002.

[82] kumulativ (lat.) = (sich) anhäufend, steigernd. In der Rechtswissenschaft spricht man davon, dass z.B. die Voraussetzungen eines Tatbestandes kumulativ erfüllt sein müssen, was bedeutet, dass alle Voraussetzungen des Tatbestandes erfüllt sein müssen, damit die Rechtsfolge eintritt.

[83] Langenfeld, Christiane (Bearb.), in: Das Recht der Europäischen Union, Band 2, EUV/EGV, a.a.O. (Fn. 70), Art. 141 EGV, Rdnr. 30, Stand der zitierten Textstelle: EL 19 – Februar 2002.

[84] Langenfeld, Christiane (Bearb.), in: Das Recht der Europäischen Union, Band 2, EUV/EGV, a.a.O. (Fn. 70), Art. 141 EGV, Rdnr. 31, Stand der zitierten

➤ Die nachteiligen Auswirkungen für das Geschlecht können nicht mit anderen Gründen als denen des Geschlechts bzw. der Geschlechterrollen erklärt werden (zusätzliche Kausalitätsprüfung[85])[86].

➤ Eine mittelbare Diskriminierung auf Grund des Geschlechts liegt nur vor, wenn die streitige Maßnahme nicht durch objektive Faktoren gerechtfertigt ist, die nichts mit einer Diskriminierung aufgrund des Geschlechts zu tun haben (objektive Rechtfertigung). Dies ist der Fall, wenn die gewählten Mittel einem legitimen Ziel der Sozialpolitik des Mitgliedstaates dienen, um dessen Rechtsvorschriften es geht, und zur Erreichung dieses Ziels geeignet und erforderlich sind[87].

Das Diskriminierungsverbot richtet sich gegen Ungleichbehandlungen auf Grund des Geschlechts. Es erfasst nicht das Problem einer Ungleichbehandlung aufgrund der „sexuellen Orientierung"[88].

c) Rechtsfolgen eines Verstoßes gegen Art. 141 Abs. 1 EGV

Nach allgemeinen Grundsätzen ist bei einem Verstoß gegen Art. 141 Abs. 1 EGV die angegriffene Regelung oder Maßnahme nicht anzuwenden. Dabei ist zu unterscheiden für die Zeit vor und nach Anpassung der nationalen Maßnahme oder Regelung an das Urteil des EuGH:

➤ Bis zum Inkrafttreten einer neuen nationalen Regelung hat der betroffene Arbeitnehmer einen unmittelbar aus Art. 141 EGV folgenden Anspruch auf Leistung des dem bevorzugten Geschlechts gewährten Entgelts. Dieser Anspruch bezieht sich grds. auch auf in der Vergangenheit liegende Arbeitszeiten, allerdings aus

---

Textstelle: EL 19 – Februar 2002.

[85] Kausalität (lat.) = Ursächlichkeit, Ursachenzusammenhang.

[86] Langenfeld, Christiane (Bearb.), in: Das Recht der Europäischen Union, Band 2, EUV/EGV, a.a.O. (Fn. 70), Art. 141 EGV, Rdnr. 33, Stand der zitierten Textstelle: EL 19 – Februar 2002.

[87] Langenfeld, Christiane (Bearb.), in: Das Recht der Europäischen Union, Band 2, EUV/EGV, a.a.O. (Fn. 70), Art. 141 EGV, Rdnr. 34, Stand der zitierten Textstelle: EL 19 – Februar 2002.

[88] Langenfeld, Christiane (Bearb.), in: Das Recht der Europäischen Union, Band 2, EUV/EGV, a.a.O. (Fn. 70), Art. 141 EGV, Rdnr. 45, Stand der zitierten Textstelle: EL 19 – Februar 2002.

Gründen der Rechtssicherheit und zur Vermeidung unverhältnismäßiger Belastungen nicht auf Zeiten vor dem 8.4.1976[89].

➤ Sobald eine neue Regelung oder Maßnahme in Kraft ist, die das Urteil des EuGH umsetzt, ist allein diese maßgebend. Gemäß den für die Rechtsfolgen eines Verstoßes gegen Gleichheitssätze geltenden Grundsätzen muss die Anpassung die bislang dem einen Geschlecht gewährte Vergünstigung nicht auf das andere ausdehnen; zulässig ist vielmehr auch eine Abschaffung der Vergünstigung für das bislang begünstigte Geschlecht. Art. 141 Abs. 1 EGV verhält sich zur Gleichbehandlung, nicht zu dem Niveau, auf dem diese erfolgt[90].

d) Ermächtigungsgrundlage des Art. 141 Abs. 3 EGV

In Art. 141 Abs. 3 EGV wird der Rat der EU ermächtigt, zur Gewährleistung von Entgeltgleichheit und Chancengleichheit im Arbeitsrecht, Maßnahmen im Verfahren nach Art. 251 EGV zu beschließen. Die Regelung setzt gedanklich die Existenz eines allgemeinen, nicht auf das Entgelt begrenzten Gleichbehandlungsanspruchs voraus, dessen Inhalt und Schranken primärrechtlich aber nicht festgelegt werden; dennoch muss er selbst Teil des Primärrechts sein. Der Inhalt dieses Gleichbehandlungsgrundsatzes ist dann nach Maßgabe der Gleichbehandlungsrichtlinien zu konkretisieren. Die Richtlinie 2002/73/EG[91] zur Änderung der Richtlinie 76/207/EWG[92] wurde auf der Grundlage von Art. 141 Abs. 3 EGV erlassen[93].

e) Spezifische Vergünstigungen nach Art. 141 Abs. 4 EGV

Art. 141 Abs. 4 EGV erlaubt den Mitgliedstaaten, nicht der Ge-

---

[89] Kingreen, Thorsten (Bearb.), in: Europäische Grundrechte und Grundfreiheiten, a.a.O. (Fn. 46), § 17 IV 2, Rdnr. 64.

[90] Kingreen, Thorsten (Bearb.), in: Europäische Grundrechte und Grundfreiheiten, a.a.O. (Fn. 46), § 17 IV 2, Rdnr. 65.

[91] Vom 23.9.2002 (ABl. Nr. L 269/15).

[92] Richtlinie 76/207/ EWG zur Verwirklichung des Grundsatzes der Gleichbehandlung von Männern und Frauen hinsichtlich des Zugangs zur Beschäftigung, zur Berufsausbildung und zum beruflichen Aufstieg sowie in Bezug auf die Arbeitsbedingungen vom 9.2.1976 (ABl. Nr. L39/40).

[93] Schlachter, Monika (Bearb.), in: : Erfurter Kommentar zum Arbeitsrecht, a.a.O. (Fn. 25), Art. 141 (ex-Art. 119) EGV, Rdnr. 27.

meinschaft selbst, Maßnahmen der „positiven Diskriminierung" zu ergreifen, sofern dies der Erleichterung der Berufstätigkeit des unterrepräsentierten Geschlechts oder dem Nachteilsausgleich dient. Eine Ausnahme gemäß der vorgenannten Vorschrift ist nur zwecks effektiver Gewährleistung der Gleichstellung zulässig; vom Grundsatz der Gleichstellung darf also nur abgewichen werden, wenn die geplante Maßnahme zur Durchsetzung dieses Ziels geeignet und erforderlich ist[94].

6. Das Diskriminierungsverbot der Art. 20 Grundrechtscharta (Charta der Grundrechte der Europäischen Union)[95]

a) Bedeutung der Grundrechtscharta der EU

Das derzeit geltende Recht der Europäischen Union enthält noch keinen eigenen Grundrechtskatalog. Die Grundrechtscharta der EU soll aber Bestandteil der künftigen Europäischen Verfassung werden[96]. Die Grundrechtscharta wird vor allem dazu dienen, die gemeinsamen Werte, auf denen Europa gründet, und die Stärken des Schutzes der Grundrechte sichtbar zu machen, wie es in ihrer Präambel heißt. Bislang werden die Grundrechte auf Unionsebene allerdings „nur" als allgemeine Rechtsgrundsätze geschützt, wie sie von der Rechtsprechung des EuGH entwickelt worden sind. Zwar ist die Grundrechtscharta – trotz ihrer feierlichen Proklamation anlässlich des Gipfels von Nizza im Dezember 2000 noch nicht in Kraft. Dies schließt aber nicht aus, bereits jetzt schon auf die Charta Bezug zu nehmen. Zwar kann sie (noch) nicht als eine eigene Rechtsgrundlage herangezogen werden; es ist jedoch möglich, sie dergestalt additiv zu den in Art. 6 Abs. 2 EUV genannten Grundrechten – wie sie sich aus der EMRK und den gemeinsamen Verfassungsüberlieferungen der Mitgliedstaaten ergeben – zu erwähnen, indem diesem Passus etwa hinzugefügt wird: „… und wie sie auch in der Grundrechtscharta sichtbar werden". Die Generalanwälte am EuGH haben von Anfang an derartige Formulierungen gewählt.

---

[94] Schlachter, Monika (Bearb.), in: : Erfurter Kommentar zum Arbeitsrecht, a.a.O. (Fn. 25), Art. 141 (ex-Art. 119) EGV, Rdnr. 28.
[95] Vom Europäischen Rat am 7.12.2000 in Nizza feierlich proklamiert (ABl. Nr. C 364/1).
[96] Vgl. Quack, Friedrich (Bearb.), Charta der Grundrechte der Europäischen Union, in: Rechtswörterbuch, a.a.O. (Fn. 2), S. 283.

Auch das EuG (Europäisches Gericht – vormals Gericht erster Instanz) folgt dieser Praxis. Der EuGH selbst zögert immer noch, die Grundrechtscharta zu erwähnen. Trotz der noch andauernden Unverbindlichkeit der Grundrechtscharta kann also das in ihr erwähnte Schrankensystem bereits praktische Bedeutung haben und zur Interpretation herangezogen werden[97].

b) Das Gleichheitsgebot des Art. 20 Grundrechtscharta

Der Artikel beinhaltet die Grundnorm der Gleichheit der Menschen[98]. Der anerkannte allgemeine Gleichheitssatz ist schon im bisherigen Vertragsrecht in Art. 12 EGV näher ausgeformt. Diesem Muster folgt die Charta, indem sie dem in Art. 20 Grundrechtscharta normierten allgemeinen Gleichheitssatz in Art. 21 und Art. 23 Grundrechtscharta besondere Diskriminierungsverbote zur Seite stellt. Art. 20 Grundrechtscharta soll sicherstellen, dass Personen in vergleichbaren Sachverhalten in rechtlicher und tatsächlicher Hinsicht gleich behandelt werden[99]. Der allgemeine Gleichheitssatz gebietet über die Gleichheit bei der Gesetzesanwendung ("vor" dem Gesetz) hinaus auch die Gleichheit bei der Gesetzgebung[100].

c) Das Diskriminierungsverbot des Art. 21 Grundrechtscharta

Gemäß Art. 21 Abs. 1 Grundrechtscharta sind Diskriminierungen insbesondere wegen des Geschlechts, der Rasse, der Hautfarbe, der ethnischen oder sozialen Herkunft, der genetischen Merkmale, der Sprache, der Religion oder der Weltanschauung, der politischen oder sonstigen Anschauung, der Zugehörigkeit zu einer nationalen Minderheit, des Vermögens, der Geburt, einer Behinderung, des Alters oder der sexuellen Ausrichtung verboten. Nach Abs. 2 der vor-

---

[97] Vgl. Alber, Siegbert, Widmaier, Ulrich, Mögliche Konfliktbereiche und Divergenzen im europäischen Grundrechtsschutz – Die Ausübungs- und Einschränkungsregeln für die Grundrechte der Europäischen Union (Art. II-112 EV [Vertrag über die Verfassung für Europa]), in: EuGRZ (Europäische Grundrechte-Zeitschrift) Heft Nr. 5-8/2006, S. 113.

[98] Hölscheidt, Sven (Bearb.), in: Meyer, Jürgen (Hrsg.), Charta der Grundrechte der Europäischen Union, NomosKommentar, 2. Aufl., Baden-Baden 2006, Artikel 20, Rdnr. 10.

[99] Vgl. Hölscheidt, Sven (Bearb.), in: Charta der Grundrechte der Europäischen Union, a.a.O. (Fn. 111), Artikel 20, Rdnr. 11.

[100] Vgl. Hölscheidt, Sven (Bearb.), in: Charta der Grundrechte der Europäischen Union, a.a.O. (Fn. 111), Artikel 20, Rdnr. 12.

genannten Vorschrift ist im Anwendungsbereich des EGV und des EUV unbeschadet der besonderen Bestimmungen dieser Verträge jede Diskriminierung aus Gründen der Staatsangehörigkeit verboten. Der Artikel enthält schon seinem Wortlaut nach ein Diskriminierungsverbot; statt mit „Diskriminierungsverbot" ist er weniger aussagekräftig mit „Nichtdiskriminierung" überschrieben[101]. Eine Diskriminierung liegt vor, wenn unterschiedliche Vorschriften auf gleiche Sachverhalte angewandt werden oder wenn dieselbe Vorschrift auf ungleiche Sachverhalte angewandt wird. Das Verbot erfasst sowohl unmittelbare (offene) als auch mittelbare (versteckte) Diskriminierungen[102]. Grundrechtsadressaten sind die Union und die Mitgliedstaaten. Sie dürfen nicht diskriminieren, sind aber nicht verpflichtet, Diskriminierungen unter Strafe zu stellen[103].

d) Das Gleichheitsgebot des Art. 23 Grundrechtscharta

Gemäß Art. 23 Abs. 1 Grundrechtscharta ist die Gleichheit von Männern und Frauen in allen Bereichen, einschließlich der Beschäftigung, der Arbeit und des Arbeitsentgelts sicherzustellen. Nach Art. 23 Abs. 2 Grundrechtscharta steht der Grundsatz der Gleichheit der Beibehaltung oder der Einführung spezifischer Vergünstigungen für das unterrepräsentierte Geschlecht nicht entgegen. Art. 23 Abs. 1 beruht im internationalen Recht im Wesentlichen auf verschiedenen Vorgaben des EGV und stützt sich außerdem auf eine gemeinsame Verfassungstradition der Mitgliedstaaten; Abs. 2 der vorgenannten Vorschrift beruht fast ausschließlich auf Art. 141 Abs. 4 EGV[104]. Der vorbezeichnete Artikel enthält unter den bisherigen Grundrechtstexten die modernste Formulierung des Gebots der Gleichheit von Männern und Frauen. Die Geschlechtergleichheit ist gemäß Abs. 1 in „allen Bereichen" sicherzustellen, wobei es gemäß Abs. 2 generell zulässig ist, Vergünstigungen für das benachteiligte Geschlecht zu gewähren. Der Art. reklamiert damit einen umfassenden Geltungsanspruch für die Geschlechtergleichheit. Er ist kon-

---

[101] Vgl. Hölscheidt, Sven (Bearb.), in: Charta der Grundrechte der Europäischen Union, a.a.O. (Fn. 111), Artikel 21, Rdnr. 27.

[102] Vgl. Hölscheidt, Sven (Bearb.), in: Charta der Grundrechte der Europäischen Union, a.a.O. (Fn. 111), Artikel 21, Rdnr. 28.

[103] Vgl. Hölscheidt, Sven (Bearb.), in: Charta der Grundrechte der Europäischen Union, a.a.O. (Fn. 111), Artikel 22, Rdnr. 31.

[104] Vgl. Hölscheidt, Sven (Bearb.), in: Charta der Grundrechte der Europäischen Union, a.a.O. (Fn. 111), Artikel 23, Rdnr. 1.

kreter als die allgemeinen Vorgabenormen der Art. 2 und 3 Abs. 2 EGV und geht weit über die Sozialpolitik der Vorgabenorm des Art. 141 EGV hinaus, die auf Arbeit und Beschäftigung bezogen ist[105]. Art. 23 Abs. 1 Grundrechtscharta vermittelt dem Einzelnen jedoch kein subjektives Recht darauf, dass Maßnahmen zur Sicherung der Geschlechtergleichheit getroffen werden[106].

IV. Gleichbehandlung nach deutschem Verfassungsrecht

1. Träger (Berechtigte) der Grundrechte des GG

Grundrechtsträger können je nach Grundrecht „Jedermann", Deutsche oder auch juristische Personen sein[107]. Arbeitnehmer und Arbeitgeber sind gleichermaßen grundrechtsfähig[108].

2. Adressaten (Verpflichtete) der Grundrechte des GG

Eine Grundrechtsbeeinträchtigung liegt nur vor, wenn der Einwirkende durch das Grundrecht gebunden ist. Die Grundrechte binden die gesamte öffentliche Gewalt, soweit sie durch das GG konstituiert ist. Dies gilt auch für privatrechtliches Handeln der öffentlichen Hand[109]. Privatpersonen sind von Ausnahmen abgesehen, nicht Adressat der Grundrechte[110]. Das ergibt sich sehr klar aus dem Wortlaut und Systematik des Grundrechtsabschnitts. Art. 1 GG spricht nur von der Bindung aller öffentlichen Gewalt und beschreibt in seinem Abs. 3, was darunter verstanden werden soll. Art. 3 Abs. 1 spricht von der Gleichheit vor dem Gesetz. Wären auch die Rechtsbeziehungen zwischen den verschiedenen Grundrechtsträgern ein Regelungsgegenstand der Grundrechte, wären zumindest

---

[105] Vgl. Hölscheidt, Sven (Bearb.), in: Charta der Grundrechte der Europäischen Union, a.a.O. (Fn. 111), Artikel 23, Rdnr. 15.

[106] Vgl. Hölscheidt, Sven (Bearb.), in: Charta der Grundrechte der Europäischen Union, a.a.O. (Fn. 111), Artikel 23, Rdnr. 18.

[107] Vgl. Dieterich, Thomas (Bearb.), in: Erfurter Kommentar zum Arbeitsrecht, a.a.O. (Fn. 25), GG Einl., Rdnr. 4 ff.

[108] Dieterich, Thomas (Bearb.), in: Erfurter Kommentar zum Arbeitsrecht, a.a.O. (Fn. 25), GG Einl., Rdnr. 5.

[109] Jarass, Hans D. (Bearb.), in: Jarass, Hans D., Pieroth, Bodo (Hrsg.), Grundgesetz für die Bundesrepublik Deutschland, Kommentar, 7. Aufl., München 2004, Vorb. vor Art. 1, Rdnr. 37.

[110] Jarass, Hans D. (Bearb.), in: Grundgesetz für die Bundesrepublik Deutschland, a.a.O. (Fn. 122), Vorb. vor Art. 1, Rdnr. 55.

allgemeine Hinweise auf die Frage zu erwarten, inwieweit vertragliche Beschränkungen zulässig und möglich sind. Das geschieht jedoch nur in Art. 9 Abs. 3 S. 2 GG für ein spezielles, nach historischer Erfahrung besonders brisantes Problem. Das lässt sich nicht verallgemeinern. Im auffälligen Gegensatz dazu wird die Einschränkbarkeit der Grundrechte durch den Gesetzgeber mit zahlreichen Gesetzesvorbehalten differenziert geregelt, ohne dass sich daraus etwas für den zulässigen Umfang vertraglicher Gestaltungen ableiten ließe[111]. Die Staatsrichtung der Grundrechte ist nicht die Folge unzulänglicher Problemsicht, sondern entspricht ihrer verfassungsspezifischen Funktion. Diese besteht nicht darin, die vielfältigen, komplizierten und wechselhaften Interessengegensätze der Grundrechtsträger untereinander so auszugleichen, dass die beiderseitigen Rechte und Pflichten feststehen. Dazu bedarf es detaillierter und situationsbezogener Regelungen, für die je nach der rechtspolitischen Konzeption ganz unterschiedliche Regelungen in Betracht kommen. Diese Aufgabe muss dem Gesetzgeber überlassen bleiben, der sich die dafür erforderliche Legitimation in demokratischen Wahlen zu beschaffen hat. Gesetzgebung ist nicht bloßer Verfassungsvollzug. Dementsprechend ist auch die Kompetenz des BVerfG (Bundesverfassungsgericht[s]) darauf beschränkt, die Einhaltung der grundrechtlich markierten Grenzen zu überwachen. Schon für diese Grenzbestimmung sind zwar vielfach gegenläufige Grundrechtspositionen abzuwägen, aber nur, um den gesetzgeberischen Gestaltungsspielraum zu ermitteln, also nicht mit dem Ziel, die einfachrechtliche Lage daraus abzuleiten[112]. Der Privatrechtsgesetzgeber ist Adressat der Grundrechte, wird also durch sie gebunden. Der Grundrechtsbindung unterliegen zudem die richterliche Fortbildung des Privatrechts[113]. Dem Privatgesetzgeber steht ein weiter Spielraum zu, weshalb privatrechtliche Vorschriften den Grundrechten engere Grenzen als öffentlich-rechtliche Vorschriften ziehen können. Zum einen spielen bei privatrechtlichen Konflikten regelmäßig auf beiden Seiten Grundrechte eine Rolle; zudem ist durchgängig neben der Abwehrfunktion die Schutzfunktion bedeutsam,

---

[111] Dieterich, Thomas (Bearb.), in: Erfurter Kommentar zum Arbeitsrecht, a.a.O. (Fn. 25), GG Einl., Rdnr. 15.

[112] Dieterich, Thomas (Bearb.), in: Erfurter Kommentar zum Arbeitsrecht, a.a.O. (Fn. 25), GG Einl., Rdnr. 16.

[113] Vgl. Jarass, Hans D. (Bearb.), in: Grundgesetz für die Bundesrepublik Deutschland, a.a.O. (Fn. 122), Vorb. vor Art. 1, Rdnr. 56.

was die Spielräume des Gesetzgebers erweitert. Des Weiteren werden Privatrechtsnormen durch unabhängige Gerichte durchgesetzt und nicht durch abhängige Exekutivorgane, was tendenziell zu einer geringeren Grundrechtsgefährdung führt[114].

3. Das Gleichheitsgebot des Art. 3 GG

a) Entstehung und Entwicklung

Das allgemeine Gleichheitsrecht des Art. 3 Abs. 1 GG knüpft unmittelbar an Art. 109 Abs. 1 WRV (Verfassung des Deutschen Reichs [Weimarer Reichsverfassung])[115] („Alle Deutschen sind vor dem Gesetz gleich") an, erstreckt die Gewährleistung allerdings auf „alle Menschen". Die Norm ist seit Entstehung des Grundgesetzes unverändert geblieben[116]. Hinsichtlich der besonderen Gleichheitssätze des Art. 3 Abs. 2, 3 GG ist zu differenzieren: Die Gleichbehandlung der Geschlechter war ebenfalls bereits in Art. 109 Abs. 2 WRV („Männer und Frauen haben grds. dieselben staatsbürgerlichen Rechte und Pflichten") erwähnt, sollte aber im GG eine Verstärkung erfahren. Nach einer wechselvollen Diskussion und Entwicklung im Prozess der Verfassungsentstehung wurde die Gleichberechtigung von Männern und Frauen sowohl in Abs. 2 („sind gleichberechtigt") als auch in Abs. 3 (keine Benachteiligung oder Bevorzugung „wegen seines Geschlechts") verankert. Das Gebot, die tatsächliche Durchsetzung der Gleichbehandlung zu fördern und auf die Beseitigung bestehender Nachteile hinzuwirken (Art. 3 Abs. 2 GG), wurde 1994 in das GG aufgenommen; die Formulierung war durch die Verfassungsrechtsprechung zu Art. 3 Abs. 2 GG a.F. vorbereitet worden und beruht auf einem Kompromißvorschlag der gemeinsamen Verfassungskommission, in der keine Einigung erzielt werden konnte, ob dem Gesetzgeber ausdrücklich die Befugnis eingeräumt werden sollte, frauenbegünstigende Regelungen mit dem Ziel der tatsächlichen Gleichstellung zu erfassen[117]. Die (sonstigen)

---

[114] Jarass, Hans D. (Bearb.), in: Grundgesetz für die Bundesrepublik Deutschland, a.a.O. (Fn. 122), Vorb. vor Art. 1, Rdnr. 57.

[115] Vom 11.8.1919 (RGBl. [Reichsgesetzblatt] S. 1383).

[116] Huster, Stefan (Bearb.), in: Friauf, Heinrich, Höfling, Wolfram (Hrsg.), Berliner Kommentar zum Grundgesetz, Loseblatt-Sammlung, Band 1, Stand des Gesamtwerkes: 17. EL – August 2006, Art. 3 Rdnr. 1, Stand der zitierten Textstelle: 7. EL – Dezember 2002.

[117] Vgl. Huster, Stefan (Bearb.), in: Berliner Kommentar zum Grundgesetz,

Diskriminierungsverbote des Art. 3 Abs. 3 S. 1 GG sind nicht verändert worden. Sie stellen eine Reaktion auf historische Unrechtserfahrungen („Rasse" mit Bezug auf die nationalsozialistische Vernichtungspolitik) und zeitbedingte Problemlagen („Heimat" mit Bezug auf die Vertriebenen) dar[118]. Ebenfalls 1994, wenn auch nicht auf Vorschlag der Gemeinsamen Verfassungskommission, wurde das Verbot der Benachteiligung (nicht der Bevorzugung!) wegen der Behinderung (Art. 3 Abs. 3 S. 2 GG) in das GG aufgenommen[119].

b) Kompetenzabhängigkeit der Bindungen

Alle Grundrechtsadressaten sind an den Gleichheitssatz als Handlungsmaßstab im Ansatz gleichermaßen gebunden. Aber als Kontrollmaßstab führt die Offenheit und Konkretisierungsbedürftigkeit des Gleichheitssatzes zu Differenzierungen, die die unterschiedlichen Funktionen und Kompetenzen respektieren[120].

aa) Gesetzgebung

Bei der Gesetzgebung wirkt der Gleichheitsgrundsatz kompetenzakzessorisch. Er bezieht sich also von vornherein auf den sachlichen und räumlichen Kompetenzbereich des jeweiligen Trägers öffentlicher Gewalt. Entscheidend ist die nach der Kompetenzordnung rechtlich zugewiesene Regelungs- oder Entscheidungsmöglichkeit[121]. Dem Gesetzgeber ist für die tatsächlichen Grundlagen seiner Regelung und für die Einschätzung der voraussichtlichen Wirkung ein Beurteilungs- und Prognosespielraum einzuräumen. Für die Regelung selbst hat er erhebliche Gestaltungsfreiheit[122].

---

a.a.O. (Fn. 129), Art. 3 Rdnr. 2, Stand der zitierten Textstelle: 7. EL – Dezember 2002.

[118] Huster, Stefan (Bearb.), in: Berliner Kommentar zum Grundgesetz, a.a.O. (Fn. 129), Art. 3 Rdnr. 3, Stand der zitierten Textstelle: 7. EL – Dezember 2002.

[119] Huster, Stefan (Bearb.), in: Berliner Kommentar zum Grundgesetz, a.a.O. (Fn. 129), Art. 3 Rdnr. 4, Stand der zitierten Textstelle: 7. EL – Dezember 2002.

[120] Dieterich, Thomas (Bearb.), in: Erfurter Kommentar zum Arbeitsrecht, a.a.O. (Fn. 25), GG Art. 3, Rdnr. 14.

[121] Dieterich, Thomas (Bearb.), in: Erfurter Kommentar zum Arbeitsrecht, a.a.O. (Fn. 25), GG Art. 3, Rdnr. 15.

[122] Dieterich, Thomas (Bearb.), in: Erfurter Kommentar zum Arbeitsrecht, a.a.O. (Fn. 25), GG Art. 3, Rdnr. 16.

bb) Gerichte

Die Gerichte müssen bei ihrer am Einzelfall orientierten Tätigkeit nicht Rechtsprechungsgleichheit i.S. einer gerichtsübergreifenden gleichheitskonformen Rechtsanwendung sicherstellen[123]. Für die Rechtsprechung der Arbeitsgerichtsbarkeit hat Art. 3 Abs. 1 GG Bedeutung vor allem als Prüfungsmaßstab arbeitsrechtlicher Normen. Die Verfassungskonformität der Entscheidungsgrundlagen ist stets von Amts wegen zu prüfen[124]. Bei der Auslegung und Anwendung von Gesetzes- und Tarifrecht hat die Rechtsprechung den allgemeinen Gleichheitssatz vor allem insoweit zu beachten, als sie das Recht fortbildet oder durch Konkretisierung ausformt[125].

cc) Verwaltung

Die im Bereich des Arbeitsrecht tätigen Behörden haben den Gleichheitssatz vor allem bei der Ausfüllung von Beurteilungs- und Ermessensspielräumen zu beachten, etwa in der Aufsichtstätigkeit im Bereich des Arbeitsschutzes oder der Zustimmung zur Kündigung von Schwerbehinderten[126]. Unmittelbar grundrechtsgebunden ist die öffentliche Verwaltung ferner bei ihrer normsetzenden Tätigkeit. Sie muss bei Verordnungsrecht den ihr durch die Verordnungsermächtigung belassenen Gestaltungsspielraum gleicheitskonform ausfüllen. Differenzierungen haben nach Art und Gewicht sachbezogen zu sein. Aus Inhalt und Zweck der Ermächtigung ergeben sich zugleich Maßstäbe für die Sachgerechtigkeit und Verhältnismäßigkeit getroffener Unterscheidungen[127]. Die Allgemeinverbindlicherklärung von Tarifverträgen nach § 5 TVG (Tarifvertragsgesetz)[128]steht als Sonderfall staatlicher Normsetzung in der

---

[123] Dieterich, Thomas (Bearb.), in: Erfurter Kommentar zum Arbeitsrecht, a.a.O. (Fn. 25), GG Art. 3, Rdnr. 18.

[124] Dieterich, Thomas (Bearb.), in: Erfurter Kommentar zum Arbeitsrecht, a.a.O. (Fn. 25), GG Art. 3, Rdnr. 20.

[125] Dieterich, Thomas (Bearb.), in: Erfurter Kommentar zum Arbeitsrecht, a.a.O. (Fn. 25), GG Art. 3, Rdnr. 21.

[126] Dieterich, Thomas (Bearb.), in: Erfurter Kommentar zum Arbeitsrecht, a.a.O. (Fn. 25), GG Art. 3, Rdnr. 23.

[127] Dieterich, Thomas (Bearb.), in: Erfurter Kommentar zum Arbeitsrecht, a.a.O. (Fn. 25), GG Art. 3, Rdnr. 24.

[128] I.d.F. der Bek. vom 25.8.1969 (BGBl. 1969 I S. 1323). Zuletzt geändert durch Art. 175 Achte Zuständigkeitsanpassungsverordnung vom 25.11.2003 (BGBl. 2003 I S. 2304).

Letzt- und Alleinverantwortung des Ministeriums bzw. der Bundesregierung. Sie müssen im Rahmen der ihnen obliegenden Ermessensentscheidung von Amts wegen die Regelungen des Tarifvertrages auch auf deren Vereinbarkeit mit Art. 3 Abs. 1 GG überprüfen[129].

dd) Tarifverträge

Tarifverträge sind nicht Ausübung öffentlicher Gewalt i.S. von Art. 1 Abs. 3 GG. Sie werden dazu auch nicht allein wegen der ihnen durch § 4 TVG zuerkannten normativen Wirkung. Die autonome Rechtssetzungsmacht der Tarifvertragsparteien ist aber dennoch im Ergebnis an Art. 3 Abs. 1 GG gebunden, wenngleich eine § 75 BetrVG vergleichbare Vorschrift im TVG fehlt. Es handelt sich um eine ungeschriebene Grenze der Tarifautonomie, die aus der Schutzfunktion des Art. 3 GG im Wege der praktischen Konkordanz der Art. 3 und 9 Abs. 3 GG hergeleitet wird[130]. Den Tarifparteien gebührt allerdings ebenso wie dem Gesetzgeber ein weiter Gestaltungsfreiraum und eine Einschätzungsprärogative in Bezug auf die sachlichen Gegebenheiten und betroffenen Interessen. Das folgt aus Art. 9 Abs. 3 GG, der Staatsferne gewährleistet und Tarifzensur verbietet[131].

ee) Betriebsvereinbarungen

Betriebsvereinbarungen und ihnen gleichgestellte Regelungen sind nicht verfassungsunmittelbar an den Gleichheitssatz gebunden; gleiches gilt für die Einigungsstellen als privatrechtliche innerbetriebliche Schlichtungsstellen selbst dann, wenn ihre Beschlüsse bindend und Grundlage für Eingriffe in grundrechtsgeschützte Bereiche sind. Für die betriebliche Rechtsetzung folgt aber ihre Bindung an den allgemeinen Gleichheitssatz aus § 75 BetrVG, und zwar auch über die beispielhaft hervorgehobenen absoluten Differenzierungsverbote hinaus[132].

---

[129] Dieterich, Thomas (Bearb.), in: Erfurter Kommentar zum Arbeitsrecht, a.a.O. (Fn. 25), GG Art. 3, Rdnr. 25.

[130] Vgl. Dieterich, Thomas (Bearb.), in: Erfurter Kommentar zum Arbeitsrecht, a.a.O. (Fn. 25), GG Art. 3, Rdnr. 26.

[131] Dieterich, Thomas (Bearb.), in: Erfurter Kommentar zum Arbeitsrecht, a.a.O. (Fn. 25), GG Art. 3, Rdnr. 27.

[132] Dieterich, Thomas (Bearb.), in: Erfurter Kommentar zum Arbeitsrecht, a.a.O.

ff) Arbeitsverträge

Die Arbeitsvertragsparteien selbst sind als Grundrechtsträger nicht Grundrechtsadressaten, also bei Abschluss des Arbeitsvertrages und Abwicklung des Arbeitsverhältnisses nicht verfassungsunmittelbar an Art. 3 Abs. 1 GG gebunden. Der Arbeitnehmer genießt aber im Verhältnis zum Arbeitgeber gleichartigen Schutz durch den arbeitsrechtlichen Gleichbehandlungsgrundsatz[133]. Lediglich dem arbeitsrechtlichen Gleichbehandlungsgrundsatz unterworfen ist auch die öffentliche Hand als Arbeitgeber. Soweit die öffentliche Hand ihre Bediensteten auf arbeitsrechtlicher Grundlage beschäftigt, betätigt sie sich als Privatrechtssubjekt[134].

c) Prüfung des Vorliegens eines Gleichheitsverstoßes

aa) Ungleichbehandlung

Verfassungsrechtlich relevant, d.h. verfassungsrechtlicher Rechtfertigung bedürftig ist nur die Ungleichbehandlung von „wesentlich Gleichem". Das bedeutet zum einen, das die Ungleichbehandlung durch dieselbe Rechtsetzungsgewalt erfolgt sein muss. Soweit die Bürger eines Bundeslandes durch ein Landesgesetz anders behandelt werden als die Bürger eines anderen Bundeslandes, das kein entsprechendes oder ein abweichendes Landesgesetz erlassen hat, fehlt von vornherein die wesentliche Gleichheit, entsprechendes gilt im Verhältnis von Bundes- und Landesgesetzen und zwischen Satzungen verschiedener Gemeinden, Universitäten usw. Zum anderen gilt, dass kein Mensch genau wie der andere und keine Situation genau wie die andere ist. Daher kann wesentliche Gleichheit nur bedeuten, dass Personen, Personengruppen oder Situationen vergleichbar sind. Vergleichbarkeit bedarf zunächst eines Bezugspunkts[135]. Der Bezugspunkt ist der gemeinsame Oberbegriff, unter den die rechtlich verschieden behandelten verschiedenen Personen, Personengruppen oder Situationen fallen. Unter ihm müssen

---

(Fn. 25), GG Art. 3, Rdnr. 29.

[133] Dieterich, Thomas (Bearb.), in: Erfurter Kommentar zum Arbeitsrecht, a.a.O. (Fn. 25), GG Art. 3, Rdnr. 30.

[134] Dieterich, Thomas (Bearb.), in: Erfurter Kommentar zum Arbeitsrecht, a.a.O. (Fn. 25), GG Art. 3, Rdnr. 31.

[135] Vgl. Pieroth, Bodo, Schlink, Bernhard, Grundrechte, Staatsrecht II, 21. neu bearbeitete Aufl., Heidelberg 2005, § 11 II 1, Rdnr. 431.

die gemäß einem Unterscheidungsmerkmal verschiedenen Personen, Personengruppen oder Situationen vollständig und abschließend sichtbar werden. Anders werden auch der Inhalt, das Ausmaß
und der mögliche Grund der Ungleichbehandlung nicht sichtbar[136].
Eine Ungleichbehandlung, die verfassungsrechtlicher Rechtfertigung bedarf, ist dann gegeben, wenn

> eine Person, Personengruppe oder Situation in einer bestimmten
> Weise, durch Eingriff oder Leistung, in Teilhabe oder Verfahren,
> rechtlich behandelt wird,

> eine andere Person, Personengruppe oder Situation in einer be-
> stimmten anderen Weise rechtlich behandelt wird und

> beide Personen, Personengruppen oder Situationen unter einen
> gemeinsamen, weitere Personen, Personengruppen oder Situati-
> onen ausschließenden Oberbegriff gefasst werden können[137].

bb) Verfassungsrechtliche Rechtfertigung

Bei den Anforderungen an die verfassungsrechtliche Rechtfertigung von Ungleichbehandlungen ist nach der Intensität, mit der
eine Ungleichbehandlung die Betroffenen beeinträchtigt, zu differenzieren. Die Intensität wächst, je mehr das Kriterium der Ungleichbehandlung einem der nach Art. 3 Abs. 3 verbotenen Kriterien
ähnelt, je weniger der Betroffene das Kriterium der Ungleichbehandlung beeinflussen kann und je mehr die Ungleichbehandlung
den Gebrauch grundrechtlich geschützter Freiheitsrechte erschwert,
und mit der Intensität wachsen die Anforderungen an die verfassungsrechtliche Rechtfertigung[138]. Bei Ungleichbehandlungen geringer Intensität besteht das Gleichheitsgebot in einem Willkürver-
bot, welches die Rechtfertigungsprüfung auf die Evidenzkontrolle
beschränkt. Eine Ungleichbehandlung ist in diesem Fall schon dann
willkürfrei und gerechtfertigt, wenn sich nur ein sachlicher Grund
zu ihren Gunsten anführen lässt[139]. Bei Ungleichbehandlungen grö-

---

136 Vgl. Pieroth, Bodo, Schlink, Bernhard, Grundrechte, a.a.O (Fn. 148), § 11 II 1,
   Rdnr. 433.
137 Pieroth, Bodo, Schlink, Bernhard, Grundrechte, a.a.O (Fn. 148), § 11 II 1,
   Rdnr. 435.
138 Vgl. Pieroth, Bodo, Schlink, Bernhard, Grundrechte, a.a.O (Fn. 148), § 11 III
   1, Rdnr. 438.
139 Vgl. Pieroth, Bodo, Schlink, Bernhard, Grundrechte, a.a.O (Fn. 148), § 11 III
   1, Rdnr. 439.

ßerer Intensität besteht das Gleichheitsgebot in einem Verbot der Ungleichbehandlung ohne gewichtigen sachlichen Grund. In diesem Fall muss bei der Prüfung der verfassungsrechtlichen Rechtfertigung eine Verhältnismäßigkeitsprüfung durchgeführt werden. Eine Ungleichbehandlung ist im vorstehenden Fall somit erst dann als durch einen gewichtigen sachlichen Grund gerechtfertigt, wenn sie einen legitimen Zweck verfolgt, zur Erreichung des Zwecks geeignet und notwendig ist und auch sonst in angemessenem Verhältnis zum Wert des Zwecks steht[140].

cc) Folgen eines Gleichheitsverstoßes

(1) Gesetzgebung

Eine Ungleichbehandlung durch den Gesetzgeber kann unterschiedlich behoben werden: die eine Gruppe kann ebenso wie die andere, die andere kann ebenso wie die eine oder beide können auf eine neue dritte Weise behandelt werden[141]. Das hat Konsequenzen für die Folgen, die sich aus einem Gleichheitsverstoß des Gesetzgebers ergeben: Grds. ist in einem solchen Falle die gegen Art. 3 GG verstoßende Regelung nicht nichtig, sondern nur mit Art. 3 GG unvereinbar. Dies gilt nicht nur, wenn es um die Ausweitung von Begünstigungen geht oder um privatrechtliche Konflikte, sondern auch dann, wenn Maßnahmen angegriffen werden, die bereits für sich betrachtet als Belastungen einzustufen sind. Der Gesetzgeber ist verpflichtet, eine verfassungskonforme Regelung zu erlassen, wobei die Korrektur bzgl. (bezüglich) vor der gerichtlichen Entscheidung liegenden Zeitraums beschränkt werden kann. In der Übergangszeit bis zur Neuregelung kann die bisherige Regelung nicht mehr angewandt werden, auch nicht zugunsten der gesetzlich begünstigten Gruppe; laufende Verfahren sind auszusetzen. Möglich ist aber auch eine zeitlich begrenzte Anwendung, wenn die Rechtssicherheit dies erfordert[142]. In bestimmten Situationen folgt dagegen eine (Teil-)Nichtigerklärung, mit der Folge, dass alle Betroffenen in den Ge-

---

[140] Vgl. Pieroth, Bodo, Schlink, Bernhard, Grundrechte, a.a.O (Fn. 148), § 11 III 1, Rdnr. 440.

[141] Jarass, Hans D. (Bearb.), in: Grundgesetz für die Bundesrepublik Deutschland, a.a.O. (Fn. 122), Art. 3, Rdnr. 40.

[142] Jarass, Hans D. (Bearb.), in: Grundgesetz für die Bundesrepublik Deutschland, a.a.O. (Fn. 122), Art. 3, Rdnr. 41.

nuss der weniger belastenden (im Gesetz nur für einen Teil vorgesehenen) Lösung kommen. Dies ist zunächst der Fall, wenn Ein Verfassungsauftrag die Ausweitung der vorenthaltenen Begünstigung auf die benachteiligten Personen verlangt. Zudem ist eine Nichtigerklärung angebracht, wenn der Gesetzgeber mit Sicherheit die nach Teilnichtigerklärung verbleibenden Regelungen wählen würde, wenn er ein Regelungssystem geschaffen hat, an dem er erkennbar festhalten will und das Regelungssystem eine Ausweitung der Begünstigung verlangt. Des Weiteren kommt eine derartige Ausnahme in Betracht, wenn der Staat dadurch nur geringfügig belastet wird. Gleiches gilt, wenn die „besondere Lage" der Grundrechtsbeeinträchtigten eine Abweichung erforderlich macht; unter diesen Voraussetzungen kann auch eine Aussetzung geboten sein[143].

(2) Exekutive

Verstößt die Exekutive beim Erlass von Normen gegen den Gleichheitsgrundsatz, kommen die gleichen Überlegungen wie beim förmlichen Gesetzgeber zur Anwendung; insbesondere ist eine Begünstigung auszuweiten, wenn nur so ein verfassungsmäßiger Zustand hergestellt werden kann. Verletzen Einzelfallmaßnahmen den Gleichheitssatz, ist noch häufiger nur eine Rechtsfolge möglich. Insbesondere verlangt der Gleichheitssatz die Ausweitung von Begünstigungen, sofern in einem Einzelfall von der Regel abgewichen wurde, da hier nicht anzunehmen ist, dass die Verwaltung lieber in allen Fällen auf die Begünstigung verzichtet. Zudem kann die Bindung an das Gesetz zur Eindeutigkeit der Rechtsfolge führen[144].

d) Gleichberechtigungsgrundsatz des Art. 3 Abs. 2 GG

Art. 3 Abs. 2 S. 1 GG („Frauen und Männer sind gleichberechtigt") betrifft allein das Verhältnis der Geschlechter zueinander, regelt also nur einen Ausschnitt der Pflicht zur Gleichbehandlung. Der Inhalt der Norm erschöpft sich nicht in der formalen Feststellung der gleichen Berechtigung der Geschlechter, sondern geht über das Diskriminierungsverbot des Art. 3 Abs. 3 GG hinaus[145]. Gemäß

---

[143] Vgl. Jarass, Hans D. (Bearb.), in: Grundgesetz für die Bundesrepublik Deutschland, a.a.O. (Fn. 122), Art. 3, Rdnr. 42.

[144] Jarass, Hans D. (Bearb.), in: Grundgesetz für die Bundesrepublik Deutschland, a.a.O. (Fn. 122), Art. 3, Rdnr. 43.

[145] Vgl. Griebeling, Stefan (Bearb.), in: Stahlhacke, Eugen (Begr.), Leinemann,

Art. 3 Abs. 2 Satz 1 GG fördert der Staat die „tatsächliche Durchsetzbarkeit der Gleichberechtigung von Männern und Frauen und wirkt auf die Beseitigung bestehender Nachteile hin". Die Gründe, die eine unterschiedliche Behandlung nach dem Geschlecht zulassen, sind wesentlich strenger als die allgemeinen Differenzierungsgründe nach dem arbeitsrechtlichen Gleichbehandlungsgrundsatz. Soll nach dem Geschlecht unterschieden werden, so müssen die Gründe so gewichtig sein, dass demgegenüber die biologischen und funktionalen Unterschiedlichkeiten von Männern und Frauen völlig zurücktreten. Differenzierende Regelungen sind daher nur dann zulässig, wenn sie zur Lösung von Problemen, die ihrer Natur nach nur entweder bei Männern oder Frauen auftreten können, zwingend erforderlich sind[146].

e) Diskriminierungsverbot des Art. 3 Abs. 3 GG

Die Verfassung verbietet nicht nur eine Diskriminierung wegen des Geschlechts, sondern auch wegen der Abstammung, der Rasse, der Sprache, der Heimat, der Herkunft, des Glaubens und der religiösen oder politischen Anschauungen eines Menschen. Art. 3 Abs. 3 GG ist Verbotsnorm. In Bezug auf die Unterscheidung nach dem Geschlecht bleibt sie hinter Art. 3 Abs. 2 GG zurück; die Maßstäbe einer unterschiedlichen Behandlung wegen des Geschlechts setzt der Gleichberechtigungsgrundsatz. Art. 3 Abs. 3 GG sanktioniert; die rechtsgestaltende Wirkung der Norm erschöpft sich im Verbot. Sie untersagt also ein Handeln, das die angesprochenen Gruppen ohne sachliche Rechtfertigung diskriminiert, sie ordnet aber nicht mit der gleichen Stringenz wie der Gleichberechtigungsgrundsatz des Art. 3 Abs. 2 GG an, rechtsgestaltend für die genannten Gruppen Lebensbedingungen zu schaffen, wie sie im Vergleich von Männern und Frauen herbeizuführen sind[147].

Wolfgang (Hrsg.), HzA (Handbuch zum Arbeitsrecht) Loseblatt-Sammlung, Neuwied, Stand des Gesamtwerkes: 296. EL – Oktober 2006, Gruppe 10, Teilbereich 1, Rdnr. 140, Stand der zitierten Textstelle: 287. EL – Februar 2006.

[146] Vgl. Griebeling, Stefan (Bearb.), in: HzA, a.a.O. (Fn. 158), Gruppe 10, Teilbereich 1, Rdnr. 142, Stand der zitierten Textstelle: 287. EL – Februar 2006.

[147] Griebeling, Stefan (Bearb.), in: HzA, a.a.O. (Fn. 158), Gruppe 10, Teilbereich 1, Rdnr. 144, Stand der zitierten Textstelle: 287. EL – Februar 2006.

f) Problem der Frauenförderung

Obwohl Art. 3 Abs. 2 GG ausdrücklich verlangt, dass bestehende Nachteile beseitigt, Frauen also kompensatorisch gefördert werden sollen, stoßen gerade Maßnahmen und Gleichstellungsgesetze, die dieses Ziel verfolgen, auf besonders heftige politische und verfassungsrechtliche Kritik (Stichwort: „umgekehrte Diskriminierung"). Das liegt daran, dass staatliche Maßnahmen auf diesem Gebiet höchst komplexe gesellschaftliche Zusammenhänge aufhellen und beeinflussen müssen. Es gibt Beispiele für offensichtlich verfehlte Ansätze. So festigt bspw. die Zubilligung bezahlter Hausarbeitstage nur für Frauen lediglich die bestehenden familiären Rollenbilder und ist daher verfassungswidrig[148]. Die schärfsten Kontroversen hat die Frage ausgelöst, ob auch Quoten geeignet sind und gesetzlich vorgeschrieben werden dürfen, um Frauen den Zugang zu Arbeitsplätzen und Aufstiegspositionen zu ermöglichen, wo sie signifikant unterrepräsentiert sind[149]. Im Folgenden werden die unterschiedlichen Arten von Frauenförderungsquoten dargestellt:

aa) Ergebnisquoten

Am weitesten gehen starre Ergebnisquoten. Sie schreiben für die Stellen ein bestimmtes Verhältnis von Frauen und Männern vor ohne Rücksicht auf konkrete Entscheidungssituationen, z.B. Zahl von Bewerberinnen und Bewerbern. Solche starren Quoten werden allgemein als unzulässig angesehen[150].

bb) Leistungsabhängige Entscheidungsquoten

Problematisch sind ferner leistungsabhängige Entscheidungsquoten. Dabei werden Frauen bei gleicher Qualifikation bevorzugt, solange sie im entsprechenden Bereich unterrepräsentiert sind. Solche Quoten gibt es in verschiedenen Landesgesetzen. Doch sind sie recht unpraktikabel, da der Begriff „Qualifikation" einerseits sehr dehnbar ist und es andererseits auch zu wenig flexibel ist, Entschei-

---

148 Vgl. Dieterich, Thomas (Bearb.), in: Erfurter Kommentar zum Arbeitsrecht, a.a.O. (Fn. 25), GG Art. 3, Rdnr. 92.
149 Dieterich, Thomas (Bearb.), in: Erfurter Kommentar zum Arbeitsrecht, a.a.O. (Fn. 25), GG Art. 3, Rdnr. 93.
150 Dieterich, Thomas (Bearb.), in: Erfurter Kommentar zum Arbeitsrecht, a.a.O. (Fn. 25), GG Art. 3, Rdnr. 94.

dungen allein von Qualifikation und Gesetz abhängig zu machen. Aus diesen Gründen sind leistungsabhängige Entscheidungsquoten rechtswidrig[151].

cc) Flexible Entscheidungsquoten

Anders ist die Situation bei flexiblen Entscheidungsquoten, wie sie in der Landesgesetzgebung auch verwendet werden. Hier wird ausdrücklich zugelassen, dass „sonstige Gründe" in einer Person eines männlichen Mitbewerbers zu dessen Gunsten den Ausschlag geben können. Derartige Quoten sind grds. als verfassungsgemäß anzusehen. Freilich sind sie praktisch kaum wirksam kontrollierbar[152].

dd) Zielvorgaben

Deshalb setzen sich immer mehr sog. (sogenannt[e]) Zielvorgaben durch. Diese werden von den dafür vorgesehenen Stellen selbst entwickelt und in Gleichstellungsplänen entsprechend den personalwirtschaftlichen Möglichkeiten und Bedürfnissen festgelegt; ihre Einhaltung wird kontrolliert und sanktioniert. Sie können aber auch ein Ziel festlegen, welches sich bspw. auf den zu erreichenden Anteil der Geschlechter bezieht und dabei auf Regelungen, wie dieses zu erreichen sei, verzichten (Ergebnisquoten). Oder sie werden nur als anzustrebender Orientierungsmaßstab formuliert, wobei ihre Einführung auf rein freiwilliger Basis bleibt. Verfassungsrechtlich dürfte dies nicht zu beanstanden sein[153].

ee) Wirtschaftlich bindende Quoten

Zudem gibt es nur wirtschaftlich bindende Quoten, deren Nichterfüllung zur Folge hat, dass Subventionen/finanzielle Vergünstigungen/Steuervorteile, für welche die Voraussetzungen im Übrigen vorliegen, nicht in Anspruch genommen werden können.

---

[151] Vgl. Hergenröder, Carmen Silvia (Bearb.), in: Henssler, Martin, Willemsen, Heinz Josef, Kalb, Hanz-Jürgen (Hrsg.), Arbeitsrecht, Kommentar, 2. Aufl., Köln 2006, GG Art. 3, Rdnr. 117.

[152] Vgl. Hergenröder, Carmen Silvia (Bearb.), in: Arbeitsrecht, Kommentar, a.a.O. (Fn. 164), GG Art. 3, Rdnr. 118.

[153] Hergenröder, Carmen Silvia (Bearb.), in: Arbeitsrecht, Kommentar, a.a.O. (Fn. 164), GG Art. 3, Rdnr. 119.

Private Aktivitäten zugunsten der tatsächlichen Gleichberechtigung dürften in großem Umfang zulässig sein[154].

ff) Quotenregelungen im öffentlichen Dienst

Quotenregelungen im öffentlichen Dienst sind zulässig, sofern sie in Bereichen, in denen weniger Frauen als Männer beschäftigt sind – sofern es genügend qualifizierte Bewerberinnen gibt – , Frauen nur bei gleicher Eignung bevorzugen und zudem gegenläufige Gesichtspunkte Berücksichtigung finden, wenn sie von vergleichbarem Gewicht sind[155].

V. Das arbeitsrechtliche Diskriminierungsverbot auf einfachrechtlicher Ebene

1. Einfachrechtlicher arbeitsrechtlicher allgemeiner Gleichbehandlungsgrundsatz

Der Gesetzgeber hat durch die umfassende gesetzliche Regelung des Themas der Gleichbehandlung im AGG deutlich gemacht, dass der richterrechtlich entwickelte allgemeine arbeitsrechtliche Gleichbehandlungsgrundsatz mit der Einführung des AGG durch die Normen des AGG abgelöst werden soll. Hierfür spricht nicht nur die umfassende gesetzliche Regelung der Gleichbehandlung und deren fast übereinstimmender Name im AGG, sondern auch die Regelungsnatur der europäischen Richtlinien[156]. Diese wirken zwar nicht unmittelbar im Rechtsverkehr zwischen Privatleuten. Die Richtlinien stellen jedoch einen Handlungsauftrag an den jeweiligen nationalen Gesetzgeber dar, entsprechende gesetzliche Regelungen zu schaffen. Damit stehen die Richtlinien in ihrer Wirkung sogar über dem deutschen Grundgesetz. So wurde in keiner der Entscheidungen nach Inkrafttreten der §§ 611a ff. BGB mehr der allgemeine arbeitsrechtliche Gleichbehandlungsgrundsatz für Fragen der Gleichbehandlung von Mann und Frau bemüht, sondern es wurde

---

[154] Hergenröder, Carmen Silvia (Bearb.), in: Arbeitsrecht, Kommentar, a.a.O. (Fn. 164), GG Art. 3, Rdnr. 120.

[155] Hergenröder, Carmen Silvia (Bearb.), in: Arbeitsrecht, Kommentar, a.a.O. (Fn. 164), GG Art. 3, Rdnr. 121.

[156] Vgl. Maier, Götz A., Mehlich, Tobias, Das Ende des richterrechtlich entwickelten arbeitsrechtlichen Gleichbehandlungsgrundsatzes?, in: DB (Der Betrieb [Zeitschrift]), Heft Nr. 2/2007, S. 113.

jeweils eine richtlinienkonforme Auslegung vorgenommen, und, dies nicht gelang, stellte der EuGH und nicht das BAG (Bundesarbeitsgericht) die anzuwendenden Grundsätze klar[157]. Diese Situation besteht nun auch: Der allgemeine Grundsatz im Arbeitsrecht wird unbeschadet der Regelung des § 2 Abs. 3 AGG durch spezialgesetzliche und überstaatliche EU-Regelungen verdrängt. Die Umsetzung der Regelung erfolgte so umfassend, dass dies eine so weitgehende „Konkretisierung" darstellt, dass nunmehr davon ausgegangen werden muss, dass der Gesetzgeber das gesamte Thema der Gleichbehandlung auf Tatbestands- wie auf Rechtsfolgenseite abschließend und damit dem Gleichbehandlungsgrundsatz verdrängend geregelt hat, soweit er nicht einzelne Vorschriften über § 2 Abs. 3 AGG davon ausgenommen hat[158].

2. Diskriminierungsschutz nach dem AGG

a) Vorbemerkungen

aa) Einleitung

Kaum ein anderes Gesetz hat auf dem Gebiet des Arbeitsrechts so viel kontroversen Diskussionsstoff geliefert wie das AGG, das bereits zum 1.8.2006 in Kraft treten sollte. Trotz der geführten Diskussion hat das Thema AGG in vielen Personalabteilungen nur eine niedrige Priorität. Doch sind sich viele Berater einig, dass das Thema Diskriminierung auf Grund der drohenden Haftung bald auf Platz 1 der Prioritätenliste stehen wird[159]. Um die Tragweite des Antidiskriminierungsrechts zu messen ist ein Blick ins Ausland, insbesondere auf das Recht der USA (United States of America), hilfreich, wenn nicht notwendig. Die Rechtsvergleichung bietet nicht nur einen „Vorrat an Lösungen", sondern auch an Problemen. Die nun in Europa realisierten und in Deutschland umgesetzten Antidiskriminierungsvorschriften sind dem Recht der USA sehr ähnlich. In den

---

[157] Exemplarisch:EuGH Urt. vom 22.4.1997 Rs. C-180/95 NZA (Neue Zeitschrift für Arbeitsrecht) Heft Nr. 12/1997, S. 645 ff.

[158] Vgl. Maier, Götz A., Mehlich, Tobias, Das Ende des richterrechtlich entwickelten arbeitsrechtlichen Gleichbehandlungsgrundsatzes?, a.a.O. (Fn. 169), S. 113.

[159] Wisskirchen, Gerlind, AGG, Allgemeines Gleichbehandlungsgesetz, Auswirkungen auf die Praxis, 2. aktualisierte und erweiterte Aufl., Frechen 2006, S. 7.

USA wurden bereits 1964 mit „Title VII Civil Rights Act", 1967 mit
dem „Age Discrimination and Employment Act" und 1990 mit dem
"Americans with Disabilities Act" Antidiskriminierungsvorschriften
geschaffen, die die internationale Rechtsentwicklung stark beein-
flusst haben. Die engl. Übersetzung der von Deutschland umgesetzten EU-Richtlinien stimmt teilweise wörtlich mit ihren amerikanischen Vorläufern überein[160]. So kann die nun 40-jährige Rechtspre-
chungspraxis der amerikanischen Gerichte einen Hinweis darauf
geben, was deutsche Gerichte aus einem vergleichbaren Normge-
rüst machen können. Dies alles nicht in dem Sinne, dass das, was
wir bereits jenseits des Atlantiks haben, auch hier kommen wird,
aber doch in dem Sinne, dass es so kommen kann. Die Rechtsvergleichung bietet hier nicht nur einen Vorrat an Lösungen. Sie zeigt
nicht nur, wie die Rechtsprobleme sinnvoll gelöst werden können,
sondern sie zeigt vor allem auch, welche Probleme ein neues Recht
bringen kann, wo es zu Konflikten zwischen Arbeitnehmern und
Arbeitgebern kommen wird und wie die Gerichte hier Fallgruppen
orten und strukturieren können[161].

bb) Die Rechtslage vor dem Inkrafttreten des AGG

Vor dem Inkrafttreten des AGG existierte in Deutschland – anders als in den meisten anderen (europäischen) Staaten – keine umfassende Antidiskriminierungsgesetzgebung[162]. Vielmehr waren unterschiedliche Regelungen für mehrere, meist isoliert betrachtete
Themen der Antidiskriminierung auf einzelne Gesetze verteilt. Im
Wesentlichen handelt es sich hierbei um:

➢ Art. 3 GG: allgemeines Gleichbehandlungsverbot, Verankerung
  des Antidiskriminierungsgrundsatzes, unmittelbare Geltung nur
  im Verhältnis Bürger – Staat, jedoch über sog. Generalklauseln im
  Bürgerlichen Recht (z.B. §§ 242, 138 BGB) mittelbare Geltung
  auch im Bereich der Beschäftigung

➢ § 611a BGB: Arbeitgebern ist die geschlechtsbezogene Benachtei-

---

[160] Vgl. Thüsing, Gregor, Das künftige Anti-Diskriminierungsrecht als Herausforderung für Wissenschaft und Praxis, in: ZFA (Zeitschrift für Arbeitsrecht), Heft Nr. 2/2006, S. 243.
[161] Thüsing, Gregor, Das künftige Anti-Diskriminierungsrecht als Herausforderung für Wissenschaft und Praxis, a.a.O. (Fn. 173), S. 243.
[162] Stuber, Michael, Das Allgemeine Gleichbehandlungsgesetz in der betrieblichen Praxis, Freiburg, Berlin, München, Würzburg 2006, S. 228.

ligung verboten

➢ § 611b BGB: Verbot der Stellenausschreibung nur für Männer oder nur für Frauen

➢ SGB IX[163] (Sozialgesetzbuch Neuntes Buch – Rehabilitation und Teilhabe behinderter Menschen –)

➢ §§ 75, 80 BetrVG: Überwachung durch den Betriebsrat hinsichtlich des Verbots unterschiedlicher Behandlung wegen Abstammung, Religion, Nationalität, Herkunft, politischer oder gewerkschaftlicher Betätigung oder Einstellung, Geschlecht oder sexueller Identität

➢ § 27 SprAuG[164] (Gesetz über Sprecherausschüsse der leitenden Angestellten – Sprecherausschussgesetz –) Überwachung durch Arbeitgeber und Sprecherausschuss hinsichtlich des Verbots unterschiedlicher Behandlung leitender Angestellter wegen Abstammung, Religion, Nationalität, Herkunft, politischer oder gewerkschaftlicher Betätigung oder Einstellung oder Geschlecht

➢ § 67 BPersVG[165] (Bundespersonalvertretungsgesetz) Überwachung durch Dienststelle und Personalvertretung hinsichtlich des Verbots unterschiedlicher Behandlung wegen Abstammung, Religion, Nationalität, Herkunft, politischer oder gewerkschaftlicher Betätigung oder Einstellung oder Geschlecht

➢ BeschäftigtenschutzG[166] (Gesetz zum Schutz der Beschäftigten vor sexueller Belästigung am Arbeitsplatz – Beschäftigtenschutzgesetz –) Schutz von Männern und Frauen vor sexueller Belästigung am Arbeitsplatz

➢ TzBfG[167] (Gesetz über Teilzeitarbeit und befristete Arbeitsverträ-

---

[163] Vom 19.6.2001 (BGBl. 2001 I S. 1046), zuletzt geändert durch Art. 6 Gesetz zur Änderung des Betriebsrentengesetzes und anderer Gesetze vom 2.12.2006 (BGBl. 2006 I S. 2742).

[164] Vom 20.12.1988 (BGBl. 1988 I S. 2312), zuletzt geändert durch Art. 3 Abs. 6 Gesetz zur Umsetzung europäischer Richtlinien zur Verwirklichung des Grundsatzes der Gleichbehandlung vom 14.8.2006 (BGBl. 2006 I S. 1897).

[165] Vom 15.3.1974 (BGBl. 1974 I S. 693), zuletzt geändert durch Art. 3 Abs. 4 Gesetz zur Umsetzung europäischer Richtlinien zur Verwirklichung des Grundsatzes der Gleichbehandlung vom 14.8.2006 (BGBl. 2006 I S. 1897).

[166] Vom 24.6.1994 (BGBl. 1994 I S. 1406), zuletzt geändert durch Art. 4 Gesetz zur Umsetzung europäischer Richtlinien zur Verwirklichung des Grundsatzes der Gleichbehandlung vom 14.8.2006 (BGBl. 2006 I S. 1897).

[167] Vom 21.12.2000 (BGBl. 2000 I S. 1966), zuletzt geändert durch Art. 2 Gesetz

ge – Teilzeit- und Befristungsgesetz –): Verbot der Diskriminierung von teilzeitbeschäftigten Arbeitnehmern

➢ KSchG[168] (Kündigungsschutzgesetz): Verbot sozial ungerechtfertigter Kündigungen

➢ BGleiG[169] (Bundesgleichstellungsgesetz): Fördermaßnahmen gegen Diskriminierung innerhalb der Bundesverwaltung[170].

cc) Die zugrunde liegenden EU-Richtlinien und der Umsetzungsbedarf

Die EU hat zum Schutz vor Diskriminierung Richtlinien erlassen. Die BRD ist verpflichtet, diese Richtlinien umzusetzen. Schwerpunktmäßig betrifft dies den Bereich der abhängig Beschäftigten. Von dem Gesetz erfasst sind darüber hinaus aber auch weitere Bereiche des Zivilrechts, insbesondere Verträge mit Lieferanten, freien Mitarbeitern, Handelsvertretern, Dienstleistern und Vermietern. Das AGG transformiert die vier Richtlinien 2000/43/EG, 2000/78/EG, 2002/73/EG[171] und 2004/113/EG[172] in innerstaatliches Recht[173]. Über den Umsetzungsbedarf bestand in der Literatur weitestgehend Einigkeit. Bezogen auf den zivilrechtlichen Diskriminierungsschutz könnte man argumentieren, die §§ 138, 826 und 823 BGB böten eine ausreichende Basis für den Schutz vor Benachteili-

---

zu Reformen am Arbeitsmarkt vom 24.12.2003 (BGBl. 2003 I S. 3002).
[168] I.d.F. der Bek. vom 25.8.1969 (BGBl. 1969 I S. 1317), zuletzt geändert durch Art. 6 Viertes Gesetz zur Änderung des SGB III und anderer Gesetze vom 19.11.2004 (BGBl. 2004 I S. 2902).
[169] Vom 30.11.2001 (BGBl. 2001 I S. 3234), geändert durch Art. 3 Abs. 11 Gesetz zur Umsetzung europäischer Richtlinien zur Verwirklichung des Grundsatzes der Gleichbehandlung vom 14.8.2006 (BGBl. 2006 I S. 1897).
[170] Stuber, Michael, Das Allgemeine Gleichbehandlungsgesetz in der betrieblichen Praxis, a.a.O. (Fn. 175), S. 228 f.
[171] Richtlinie 2002/73/EG des Europäischen Parlaments und des Rates vom 23.9.2002 zur Änderung der Richtlinie 76/207/EWG des Rates zur Verwirklichung des Grundsatzes der Gleichbehandlung von Männern und Frauen hinsichtlich des Zugangs zur Beschäftigung, zur Berufsbildung und zum beruflichen Aufstieg sowie in Bezug auf die Arbeitsbedingungen (ABl. Nr. L 269 /15).
[172] Richtlinie 2004/113/EG des Rates vom 13.9.2004 zur Verwirklichung des Grundsatzes der Gleichbehandlung von Männern und Frauen beim Zugang und bei der Versorgung mit Gütern und Dienstleistungen (ABl. Nr. L 373/37).
[173] Vgl. Wisskirchen, Gerlind, AGG, a.a.O. (Fn. 172), S. 7.

gung. Des weiteren könnte man vortragen, dass mit einer ausdrücklichen Normierung des allgemeinen Persönlichkeitsrechts als geschütztes Recht i.S. des § 823 BGB und einer Erweiterung des Schmerzensgeldanspruchs auf Fälle der Persönlichkeitsverletzung der Schutz vor Diskriminierung im Zivilrecht ausreichend gewährleistet werden würde[174]. Im Arbeitsrecht bestehen jedoch keine Zweifel daran, dass ein erheblicher Umsetzungsbedarf im deutschen Recht bestand, denn es musten nicht nur die neuen verpönten Merkmale der Richtlinien erfasst werden, sondern es war darüber hinaus erforderlich, den Begriff der Diskriminierung zu definieren, die Ausnahmen zu den Diskriminierungsverboten differenziert zu gestalten und die erforderlichen Sanktionen bei Diskriminierung zu regeln[175]. Die Mitgliedstaaten der EU, die die EU-Richtlinien nicht rechtzeitig oder nicht vollständig in nationales Recht umgesetzt haben, können vom EuGH wegen der Verletzung des EU-Vertrages zu erheblichen Strafzahlungen verurteilt werden. Die Verurteilung Deutschlands infolge der Nichtumsetzung der beiden ersten Richtlinien – die Umsetzungsfrist ist bei beiden seit über drei Jahren abgelaufen – ist bereits erfolgt. Eine Festsetzung der Strafe ist noch nicht erledigt, es ist jedoch nicht auszuschließen, dass wegen der deutlich verspäteten Umsetzung eine solche Strafzahlung noch festgelegt werden könnte[176].

dd) Das Gesetzgebungsverfahren

Bereits im Jahr 2001 hat das Bundesjustizministerium einen ersten Referentenentwurf zur Umsetzung der Gleichbehandlungsrichtlinien vorgelegt. Dieser Teil betraf allerdings nur das Zivilrecht und nach heftigem Widerstand der Wirtschaft ist das Gesetzgebungsverfahren zunächst nicht weiter betrieben worden[177]. Am 16.12.2004

---

[174] Vgl. Kamanabrou, Sudabeh, Die arbeitsrechtlichen Vorschriften des Allgemeinen Gleichbehandlungsgesetzes, in: RdA (Recht der Arbeit [Zeitschrift]) Heft Nr. 6/2006, S. 322.

[175] Vgl. Kamanabrou, Sudabeh, Die arbeitsrechtlichen Vorschriften des Allgemeinen Gleichbehandlungsgesetzes, a.a.O. (Fn. 187), S. 322.

[176] Sehrbrock, Ingrid (Bearb.), Allgemeines Gleichbehandlungsgesetz, Überblick über die Neuregelungen mit praktischen Erläuterungen, in: Deutscher Gewerkschaftsbund, Bundesvorstand (Hrsg.), Informationen zum Arbeits- und Sozialrecht, Berlin, Ausgabe Dezember 2006, S. 4.

[177] Sehrbrock, Ingrid (Bearb.), Allgemeines Gleichbehandlungsgesetz, a.a.O. (Fn. 189), S. 5.

wurde der ADG-E (Entwurf eines Gesetzes zur Umsetzung europäischer Antidiskriminierungsrichtlinien) schließlich dann doch von den Fraktionen der SPD (Sozialdemokratische Partei Deutschlands) und Bündnis 90/Die Grünen vorgelegt[178] und im Bundestag am 17.6.2005 in zweiter und dritter Lesung verabschiedet. Der Gesetzesentwurf wurde jedoch vom Bundesrat abgelehnt und in den Vermittlungsausschuss verwiesen[179]. Aufgrund der noch vor der Beratung des Vermittlungsausschusses erfolgten Neuwahlen am 18.9.2005 konnte dieser Entwurf wegen des Grundsatzes der Diskontinuität nicht in Kraft treten[180]. Nach der Bundestagswahl wurde die Vorlage unter dem 8.6.2006 mit einigen Änderungen im Titel und in wenigen Details als Entwurf der neuen Bundesregierung eingebracht[181]; dabei wurde die Gesetzesbegründung des rot-grünen Fraktionen-Entwurfs weitgehend übernommen. Zum Entwurf der Bundesregierung nahm der Bundesrat unter dem 19.6.2006 mit Änderungswünschen Stellung[182]. Auf der Grundlage der Beschlussempfehlung vom 28.6.2006[183] wurde das Gesetz am 29.6.2006 in zweiter und dritter Beratung behandelt und beschlossen. Am 7.7.2006 entschied der Bundesrat, nicht den Vermittlungsausschuss einzuberufen[184]. Art. 4 AGG bestimmt, dass das AGG am Tag nach seiner Verkündung in Kraft tritt. Das Gesetz wurde am 17.8.2006 verkündet. es ist damit am 18.8.2006 in Kraft getreten[185].

ee) Umsetzungsstand, Umsetzungsdefizite

Der deutsche Gesetzgeber geht davon aus, dass er die europa-

---

178 BT-Drucks. (Drucksache des Deutschen Bundestages) 15/4538.
179 Vgl. Kania, Thomas (Bearb.), Diskriminierung, in: Küttner, Wolfdieter (Hrsg), Personalbuch 2006, Arbeitsrecht, Lohnsteuerrecht, Sozialversicherungsrecht, 13., vollständig neubearbeitete Aufl., München 2006, Rdnr. 3.
180 Kania, Thomas (Bearb.), Diskriminierung, in: Personalbuch 2006, a.a.O. (Fn. 192), Rdnr. 3.
181 BT-Drucks. 16/1780.
182 BT-Drucks. 16/1852.
183 BT-Drucksache 16/2022.
184 Schwab, Dieter, Schranken der Vertragsfreiheit durch die Antidiskriminierungsrichtlinien und ihre Umsetzung in Deutschland, in: DNotZ (Deutsche Notar-Zeitschrift) 2006, S. 649, Fn. 2.
185 Heinrichs, Helmut (Bearb.), in: Palandt, Otto (Begr.), Bassenge, Peter, Brudermüller, Gerd, Diederichsen, Uwe (Hrsg.), Bürgerliches Gesetzbuch, Beck'sche Kurzkommentare, Band 7, 66. neubearbeitete Aufl., München 2007, Einl AGG 1 Rdnr. 2.

rechtlichen Antidiskriminierungsrichtlinien mit dem AGG vollständig in deutsches Recht umgesetzt hat. Hieran bestehen jedoch Zweifel: Gemäß § 22 AGG muss derjenige, der sich auf eine Benachteiligung i.S. des AGG beruft, Indizien beweisen, die eine Benachteiligung vermuten lassen. Europarechtlich ist jedoch ausreichend, wenn derjenige, der sich auf eine Benachteiligung i.S. des AGG beruft, diese Benachteiligung glaubhaft macht. Europarechtlich erforderlich ist damit allein die überwiegende Wahrscheinlichkeit des Bestehens einer Benachteiligung, nicht jedoch die überzeugende Wahrscheinlichkeit[186]. Der EuGH wird hier sicherlich nicht mit sich reden lassen, denn die europäische Regelung hat ihren Grund: Im Prozessrecht anderer Mitgliedstaaten gilt bei der Geltendmachung anderer arbeitsrechtlicher Ansprüche generell das Maß des „more-probable-than-not". Man wollte hier einen einheitlichen Standard[187]. Gemäß § 15 Abs. 1 AGG haftet der Arbeitgeber bei einem Verstoß gegen das Benachteiligungsverbot des AGG nur, wenn er die Pflichtverletzung auch zu vertreten hat. Diese Entlastung der Arbeitgeberseite mag sinnvoll und erwünscht sein, sie wird jedoch vor dem EuGH keinen Bestand haben, da dieser bereits in der Entscheidung Draehmphael[188] festgestellt hatte, dass Schadensersatz wegen (damals Geschlechts-) Diskriminierung immer auch ohne Verschulden gezahlt werden muss[189]. Europarechtlich problematisch erscheinen auch die Bereichsausnahmen in § 2 II AGG für die betriebliche Altersversorgung und in § 2 IV AGG für Kündigungen, die so durch die Richtlinien nicht vorgesehen sind[190].

---

[186] Vgl. Bauer, Jobst-Hubertus, Thüsing, Gregor, Schunder, Achim, Das Allgemeine Gleichbehandlungsgesetz –Alter Wein in neuen Schläuchen?, in: NZA 2006, S. 774.

[187] Bauer, Jobst-Hubertus, Thüsing, Gregor, Schunder, Achim, Das Allgemeine Gleichbehandlungsgesetz –Alter Wein in neuen Schläuchen?, a.a.O. (Fn. 199), S. 774.

[188] EuGH Urt. vom 22.4.1997, Rs. C-180/95, a.a.O. (Fn. 179).

[189] Bauer, Jobst-Hubertus, Thüsing, Gregor, Schunder, Achim, Das Allgemeine Gleichbehandlungsgesetz –Alter Wein in neuen Schläuchen?, a.a.O. (Fn. 199), S. 775.

[190] Vgl. Bauer, Jobst-Hubertus, Thüsing, Gregor, Schunder, Achim, Das Allgemeine Gleichbehandlungsgesetz –Alter Wein in neuen Schläuchen?, a.a.O. (Fn. 199), S. 776.

ff) Prüfungsreihenfolge

Die Gliederung dieser Untersuchung richtet sich im Folgenden nach der Prüfungsreihenfolge für Ansprüche der Arbeitnehmer nach dem AGG (vgl. Anhang II).

b) Tatbestandliche Voraussetzungen für Ansprüche nach dem AGG

aa) Anwendungsbereich

(1) Einführung

Um Benachteiligungen in Beschäftigung und Beruf wirksamer als bisher begegnen zu können, wird das gesamte Arbeitsrecht dem AGG unterstellt. D.h., Benachteiligungen sind grds. unzulässig und nur unter den engen, im Gesetz genannten Voraussetzungen ausnahmsweise gerechtfertigt. Das Gesetz hat hierbei das Ziel, Bestimmungen zum Schutz der Beschäftigten vor Benachteiligung zu schaffen und die Grundlage für ein tolerantes und benachteiligungsfreies Miteinander in der Arbeitswelt zu gewährleisten[191].

(2) Sachlicher Anwendungsbereich

§ 2 AGG regelt den sachlichen Anwendungsbereich des AGG im Arbeitsrecht[192]. Diese Regelung des Gesetzes ist missglückt[193]. Sie ist einerseits zu eng, um den sachlichen Anwendungsbereich des Gesetzes zu erschließen, da § 19 AGG für das zivilrechtliche Benachteiligungsverbot weitere Regelungen zum sachlichen Anwendungsbereich enthält. Andererseits ist § 2 AGG hinsichtlich des Schutzes der Beschäftigten vor Benachteiligung zu weit gefasst. Der sachliche Anwendungsbereich in Hinblick auf Beschäftigung und Beruf ist durch § 2 Abs. 1 Nrn. 1-4 AGG geregelt. Nach Wortsinn und syste-

---

[191] Groß, Christian, Reppelmund, Hildegard, Das Allgemeine Gleichbehandlungsgesetz, Leitfaden für die unternehmerische Praxis, Berlin, 2006, S. 20.

[192] Vgl. Bauer, Jobst-Hubertus, Göpfert, Burkard, Krieger, Steffen (Hrsg./Bearb.), Bauer, Jobst-Hubertus, Göpfert, Burkard, Krieger, Steffen (Hrsg./Bearb.), Allgemeines Gleichbehandlungsgesetz, Kommentar, München 2007, § 2 Rdnr. 1.

[193] Vgl. Kamanabrou, Sudabeh, Die arbeitsrechtlichen Vorschriften des Allgemeinen Gleichbehandlungsgesetzes, a.a.O. (Fn. 187), S. 322.

matischer Stellung des § 2 Abs. 1 AGG erfasst der zweite Abschnitt aber auch Fälle, in denen der Arbeitgeber, ein Beschäftigter oder ein Dritter einen Beschäftigten auf dem Gebiet der Nrn. 5-8 des § 2 Abs. 1 AGG benachteiligt, die den Sozialschutz, die sozialen Vergünstigungen, die Bildung und den Zugang zu und die Versorgung mit der Öffentlichkeit zur Verfügung stehenden Gütern und Dienstleistungen betreffen. Für Benachteiligungen durch Dritte hätte ein entsprechend weiter Anwendungsbereich im Ergebnis keine Auswirkungen, weil der Arbeitgeber bei Benachteiligungen durch Dritte nach § 12 Abs. 4 AGG nur Maßnahmen ergreifen muss, wenn die Ungleichbehandlung bei der Ausübung der Tätigkeit des Beschäftigten erfolgt. Falls ein Dritter den Beschäftigten im Anwendungsbereich der Nrn. 5-8 des § 2 Abs. 1 AGG benachteiligt, wird das aber nicht geschehen, während der Beschäftigte seine Tätigkeit ausübt. Für die Benachteiligung durch den Arbeitgeber oder durch Beschäftigte gilt diese Einschränkung jedoch nicht, weshalb der Eindruck entstehen könnte, dass die Verantwortung des Arbeitgebers insoweit über die Bereiche Beschäftigung und Beruf hinaus erweitert ist[194]. Die Anwendung weiterer Auslegungskriterien ergibt jedoch, dass § 2 Abs. 1 AGG nicht in diesem weiten Sinn zu verstehen ist[195]. Auch wenn der sachliche Anwendungsbereich des AGG sich durch Auslegung im Ergebnis sinnvoll beschränken lässt, ist regelungstechnisch eine Norm zu kritisieren, die aufgrund ihrer Bezeichnung (Anwendungsbereich) und ihres Standorts (Allgemeiner Teil) suggeriert, den Anwendungsbereich eines Gesetzes zu regeln, letztlich aber weder den gesamten Anwendungsbereich erfasst, noch auf das gesamte Gesetz Anwendung findet. Tatsächlich regeln die §§ 2 Abs. 1 Nrn. 5-8, 20 Abs. 1 AGG den Anwendungsbereich für das Zivilrecht außerhalb der Materien Beschäftigung und Beruf, § 2 Abs. 1 Nrn. 1-4 den Anwendungsbereich für die Gebiete Beschäftigung und Beruf. Sinnvoller wäre es deshalb gewesen, den sachlichen Anwendungsbereich nicht im Allgemeinen Teil, sondern jeweils in den Abschnitten zwei und drei zu regeln[196]. Die Wirkung des AGG beginnt bei der Einstellung von Arbeitnehmern und betrifft also

---

[194] Kamanabrou, Sudabeh, Die arbeitsrechtlichen Vorschriften des Allgemeinen Gleichbehandlungsgesetzes, a.a.O. (Fn. 187), S. 322 f.

[195] Vgl. Kamanabrou, Sudabeh, Die arbeitsrechtlichen Vorschriften des Allgemeinen Gleichbehandlungsgesetzes, a.a.O. (Fn. 187), S. 323.

[196] Kamanabrou, Sudabeh, Die arbeitsrechtlichen Vorschriften des Allgemeinen Gleichbehandlungsgesetzes, a.a.O. (Fn. 187), S. 323.

Stellenausschreibung, Bewerbungsunterlagen (Was darf gefordert werden? Fotos?), Auswahlgespräch (Welche Fragen dürfen gestellt werden? Bei welchen Fragen darf der Bewerber lügen?), Auswahlkriterien, Einstellungsbedingungen, Vertragsgestaltung. Weiter geht es mit den Beschäftigungs- und Arbeitsbedingungen, einschließlich Arbeitsentgelt. Zu prüfen sind sowohl die individualrechtlichen einzelnen Arbeitsverträge als auch kollektivrechtliche Vereinbarungen wie Betriebsvereinbarungen und Tarifverträge. Es darf keine Benachteiligung geben beim beruflichen Aufstieg, also bei Beförderungen, Versetzungen und Umsetzungen. Prämien, Zusatzleistungen, Sozialleistungen und sonstige Vergünstigungen sind auf Diskriminierungen zu überprüfen, ebenso die Weisungen und sonstigen Anordnungen des Arbeitgebers an die Arbeitnehmer. Auch im Bereich der Aus-, Fort-, und Weiterbildung ist auf diskriminierungsfreie Auswahl und Gestaltung zu achten. Dazu gehört der Zugang zu allen Formen und allen Ebenen der Berufsberatung, der Berufsbildung, der beruflichen Weiterbildung und der Umschulung sowie der praktischen Berufserfahrung. Und es endet bei der Beendigung des Arbeitsverhältnisses, z.B. bei den Auswahlkriterien für betriebsbedingte Kündigungen oder bei der Begründung für eine verhaltens- oder personenbedingte Kündigung, beim Sozialplan und allen mit der Beendigung des Arbeitsverhältnisses zusammenhängenden Maßnahmen[197]. Fast jede Kündigung wird künftig auch auf Benachteiligung hin geprüft werden. Selbst nachvertragliche Folgen eines beendeten Beschäftigungsverhältnisses können noch relevant sein, z.B. bei der Ausgestaltung der betrieblichen Altersversorgung[198]. Ausdrücklich im Gesetz geregelt ist außerdem, dass Benachteiligungen wegen der im AGG genannten Kriterien im Zusammenhang mit der Mitgliedschaft und Mitwirkung in einer Arbeitgebervereinigung, in einer Gewerkschaft oder in einer Berufs-/Branchenvereinigung unzulässig sind. Dies gilt auch für die Inanspruchnahme von Leistungen einer solchen Vereinigung[199].

---

[197] Groß, Christian, Reppelmund, Hildegard, Das Allgemeine Gleichbehandlungsgesetz, a.a.O. (Fn. 204), S. 21.
[198] Groß, Christian, Reppelmund, Hildegard, Das Allgemeine Gleichbehandlungsgesetz, a.a.O. (Fn. 204), S. 21.
[199] Groß, Christian, Reppelmund, Hildegard, Das Allgemeine Gleichbehandlungsgesetz, a.a.O. (Fn. 204), S. 21.

(3) Persönlicher Anwendungsbereich

§ 6 AGG markiert den Personenkreis, auf den der 2. Abschnitt – Schutz der Beschäftigten vor Benachteiligung – Anwendung finden soll. Der Begriff des Beschäftigten muss im Hinblick auf den persönlichen Anwendungsbereich, wie er durch die Antidiskriminierungsrichtlinien festgelegt wird, weiter gefasst werden, als dies im Arbeitsrecht üblich ist. Vor allem müssen im Hinblick auf die Richtlinien auch in begrenztem Umfang Selbstständige und Dienstnehmer in den Anwendungsbereich einbezogen werden (§ 6 Abs. 3 AGG). § 6 Abs. 2 AGG definiert den Begriff des Arbeitgebers, der auch Entleiher i.s. des AÜG[200] (Gesetz zur Regelung der gewerbsmäßigen Arbeitnehmerüberlassung – Arbeitnehmerüberlassungsgesetz) sowie Auftraggeber und Zwischenmeister i.s. des HAG[201] (Heimarbeitsgesetz) einschließt[202]. Der Begriff des Beschäftigten ist nicht identisch mit dem sozialversicherungsrechtlichen Begriff des Beschäftigten i.s. des § 7 SGB IV[203] (Sozialgesetzbuch Viertes Buch – Gemeinsame Vorschriften für die Sozialversicherung –). Er wurde erkennbar wegen seiner geschlechtsneutralen Verwendung gewählt. Die Nrn. 1-3 des Abs. 1 erfassen alle arbeitsrechtlich relevanten Arbeitnehmergruppen, also auch arbeitnehmerähnliche Personen, einschließlich der in Heimarbeit Beschäftigten und ihnen Gleichgestellten[204]. Gemäß § 6 Abs. 1 S. 2 AGG gelten auch Bewerberinnen und Bewerber für ein Beschäftigungsverhältnis sowie aus einem solchen ausgeschiedene Personen als Beschäftigte. Diese Erweiterung ist notwendig, weil Benachteiligungen auch im Vorfeld der Begrün-

---

[200] I.d.F. der Bek. vom 3.2.1995 (BGBl. 1995 I S. 158), zuletzt geändert durch Art. 233 Neunte Zuständigkeitsanpassungsverordnung vom 31.10.2006 (BGBl. 2006 I S. 2407).

[201] Vom 14.3.1951 (BGBl. 1951 I S. 191), zuletzt geändert durch Art. 255 Neunte Zuständigkeitsanpassungsverordnung vom 31.10.2006 (BGBl. 2006 I S. 2407).

[202] Vgl. Fuchs, Maximilian (Bearb.), in: Bamberger, Heinz Georg, Roth, Herbert (Hrsg.), Beck'scher Online-Kommentar BGB, München, Stand des Gesamtwerkes: 01.11.2006, Internet: http://www.rsw.beck.de/bib/bin/show.asp?vpath=%2Fbibdata%2Fkom… , Zugriffs- und Ausdrucksdatum: 8.1.2007, AGG § 6 Rdnr. 1, Stand der zitierten Textstelle: 01.10.2006.

[203] I.d.F. der Bek. vom 23.1.2006 (BGBl. 2006 I S. 86, 466), zuletzt geändert durch Art. 3 Gesetz zur Änderung des Betriebsrentengesetzes und anderer Gesetze vom 2.12.2006 (BGBl. 2006 I S. 2742).

[204] Vgl. Fuchs, Maximilian (Bearb.), in: Beck'scher Online-Kommentar BGB, a.a.O. (Fn. 215), AGG § 6 Rdnr. 2, Stand der zitierten Textstelle: 01.10.2006.

dung von Beschäftigungsverhältnissen vorkommen können und e-
benso nach dem Ausscheiden aus dem Beschäftigungsverhältnis,
etwa im Zusammenhang mit der Gewährung von Versorgungsrech-
ten[205]. § 6 Abs. 2 S. 1 AGG beinhaltet die Benennung der Arbeitge-
bergruppen i.S. des Arbeitsrechts. § 6 Abs. 2 S. 2 bezieht auch die
Entleiher in den Pflichtenkreis des AGG mit ein. Im Verhältnis zum
Leiharbeitnehmer ist grds. der Verleiher Arbeitgeber. Soweit aber
dem Entleiher Arbeitgeberfunktionen zukommen, z.b. bei der Ausübung des Weisungsrechts, unterliegt auch der Entleiher dem Benachteiligungsverbot. Das gleiche gilt für die Auftraggeber oder
Zwischenmeister nach dem HAG[206]. § 6 Abs. 3 AGG erweitert den
Anwendungsbereich über den nach dem Arbeitsrecht relevanten
Personenkreis hinaus. Mit der Berücksichtigung von Selbstständigen erfüllt Abs. 3 den Auftrag der Antidiskriminierungsrichtlinien,
die immer auch die selbstständige Erwerbstätigkeit umfassen. Ex-
plizit erwähnt sind darüber hinaus Organmitglieder. Sie werden üb-
licherweise auf der Basis eines Dienstvertrages (§ 611 BGB) beschäftigt und unterstehen grds. nicht dem Arbeitsrecht. Deshalb war der
Gesetzgeber gehalten, sie ausdrücklich in den persönlichen Anwendungsbereich einzubeziehen. Die Berücksichtigung des vorbezeichneten Personenkreises ist jedoch nicht umfassend. Sie ist vielmehr
beschränkt auf die Bedingungen für den Zugang zur Erwerbstätigkeit und den beruflichen Aufstieg. Diese Festlegung entspricht der
Regelung des § 2 Abs. 1 Nr. 1 AGG, die ebenfalls hinsichtlich der
selbstständigen Erwerbstätigkeit die Beschränkungen auf den Zugang zur Erwerbstätigkeit und den beruflichen Aufstieg beinhaltet[207].

(4) Zeitlicher Anwendungsbereich

§ 33 AGG enthält Übergangsregelungen für Benachteiligungen
in Beschäftigungsverhältnissen, die bereits vor Inkrafttreten des
AGG bestanden[208]. In § 33 Abs. 1 AGG wird geregelt, dass §§ 611a,

---

[205] Vgl. Fuchs, Maximilian (Bearb.), in: Beck'scher Online-Kommentar BGB,
a.a.O. (Fn. 215), AGG § 6 Rdnr. 3, Stand der zitierten Textstelle: 01.10.2006.
[206] Vgl. Fuchs, Maximilian (Bearb.), in: Beck'scher Online-Kommentar BGB,
a.a.O. (Fn. 215), AGG § 6 Rdnr. 4, Stand der zitierten Textstelle: 01.10.2006.
[207] Vgl. Fuchs, Maximilian (Bearb.), in: Beck'scher Online-Kommentar BGB
a.a.O. (Fn. 215), AGG § 6 Rdnr. 5, Stand der zitierten Textstelle: 01.10.2006.
[208] Vgl. Weidenkaff, Walter (Bearb), in: Bürgerliches Gesetzbuch, a.a.O. (Fn.
198), AGG 33 Rdnr. 1.

611b, und 612 Abs. 3 BGB, sowie das BeschäftigtenschutzG, die aufgehoben wurden, auf Benachteiligungen (wegen des Geschlechts) und sexuelle Belästigungen, die zeitlich vor dem Inkrafttreten des AGG liegen, anzuwenden sind. Entsprechendes gilt gemäß § 81 Abs. 2 SGB IX a.f., welche versehentlich nicht in § 33 Abs. 1 AGG erwähnt wurde, für Benachteiligungen von schwerbehinderten Beschäftigten vor dem 18.8.2006[209].

bb) Arbeitsrechtliches Benachteiligungsverbot

(1) Allgemeines

§ 7 AGG enthält das zentrale Verbot der Benachteiligung in Beschäftigung und Beruf. Die Vorschrift verkörpert damit die Kernaussage des AGG, das keine Person wegen eines in § 1 AGG genannten Grundes benachteiligt werden darf. Das Benachteiligungsverbot in § 7 Abs. 1 AGG enthält kaum eigene Tatbestandsvoraussetzungen, sondern bedient sich einer umfassenden Verweisungstechnik[210]. § 7 AGG hält ausdrücklich fest, dass Personen wegen eines in § 1 AGG genannten Grundes nicht benachteiligt werden dürfen. Bestimmungen in Verträgen, die gegen das Benachteiligungsverbot verstoßen, sind unwirksam[211]. Das Benachteiligungsverbot nach § 7 Abs. 1 richtet sich an jedermann. Täter einer verbotenen Benachteiligung kann deshalb nicht nur der Arbeitgeber, sondern auch ein Arbeitskollege oder ein betriebsfremder Dritter, z.B. ein Kunde des Arbeitgebers, sein. Auch der Betriebsrat oder Personalrat kann eine verbotene Benachteiligung begehen[212]. Wichtig ist die ausdrückliche Feststellung, dass eine Benachteiligung i.S. des AGG eine Verletzung vertraglicher Pflichten darstellt. Dies bedeutet, dass eine Benachteiligung abgemahnt werden kann und auch zu einer verhaltensbedingten Kündigung führen kann, in manchen Fällen sogar führen muss. Differenzierungen zwischen Arbeitnehmern bei der Personalauswahl sind dann zulässig, wenn die unterschiedliche

---

[209] Vgl. Weidenkaff, Walter (Bearb), in: Bürgerliches Gesetzbuch, a.a.O. (Fn. 198), AGG 33 Rdnr. 2.

[210] Bauer, Jobst-Hubertus, Göpfert, Burkard, Krieger, Steffen (Hrsg./Bearb.), Allgemeines Gleichbehandlungsgesetz, a.a.O. (Fn. 205), § 7 Rdnr. 1.

[211] Eckert, Michael, Das Allgemeine Gleichbehandlungsgesetz in der Praxis, in: DStR (Deutsches Steuerrecht), Heft Nr. 44/2006, S. 1988.

[212] Bauer, Jobst-Hubertus, Göpfert, Burkard, Krieger, Steffen (Hrsg./Bearb.), Allgemeines Gleichbehandlungsgesetz, a.a.O. (Fn. 205), § 7 Rdnr. 1.

Behandlung wegen der Art der auszuübenden Tätigkeit oder der Bedingungen ihrer Ausübung eine wesentliche und entscheidende berufliche Anforderung darstellt, allerdings nur, solange der Zweck rechtmäßig und die Anforderung angemessen ist[213].

(2) Benachteiligung

(a) Allgemeines

Das arbeitsrechtliche Benachteiligungsverbot des AGG setzt zunächst voraus, dass eine Benachteiligung i.S. des AGG vorliegt. § 3 AGG definiert die nach dem AGG verbotenen Handlungsweisen. Oberbegriff ist der Begriff der Benachteiligung. Sprachlich missglückt ist die Formulierung in § 3 Abs. 3 und 4 AGG, nach der auch eine Belästigung oder eine sexuelle Belästigung eine „Benachteiligung" sind. Die Regelung ist ein „Kunstgriff", mit dem gleiche Rechtsfolgen für Benachteiligungen und Belästigungen geschaffen werden, obwohl es sich dabei eigentlich um unterschiedliche Sachverhalte handelt[214]. § 3 AGG enthält Legaldefinitionen der verschiedenen Formen einer Benachteiligung. § 3 Abs. 1 AGG regelt den Fall einer unmittelbaren Benachteiligung. § 3 Abs. 2 AGG definiert den Begriff der mittelbaren Benachteiligung. In § 3 Abs. 3 AGG befindet sich die Begriffsbestimmung für die Belästigung. § 3 Abs. 4 AGG definiert den Begriff der sexuellen Belästigung. § 3 Abs. 5 AGG regelt die Anweisung zur Benachteiligung[215].

(b) Unmittelbare Benachteiligung

Gemäß § 3 Abs. 1 AGG liegt eine unmittelbare Benachteiligung vor, wenn eine Person wegen eines in § 1 AGG genannten Grundes eine weniger günstige Behandlung erfährt „als eine andere Person in einer vergleichbaren Situation erfährt, erfahren hat oder erfahren würde". Wesentlich ist mithin, dass das betreffende Diskriminierungsmerkmal bei der Entscheidungsfindung eine unmittelbare Rolle spielt, wenngleich es nicht das einzige Entscheidungsmerkmal zu

---

[213] Vgl. Eckert, Michael, Das Allgemeine Gleichbehandlungsgesetz in der Praxis, a.a.O. (Fn. 224), S. 1988.

[214] Bauer, Jobst-Hubertus, Göpfert, Burkard, Krieger, Steffen (Hrsg./Bearb.), Allgemeines Gleichbehandlungsgesetz, a.a.O. (Fn. 205), § 3 Rdnr. 1.

[215] Bauer, Jobst-Hubertus, Göpfert, Burkard, Krieger, Steffen (Hrsg./Bearb.), Allgemeines Gleichbehandlungsgesetz, a.a.O. (Fn. 205), § 3 Rdnr. 5.

sein braucht und die Entscheidung auch nicht ausdrücklich an ihm anknüpfen muss. Die Benachteiligung setzt den tatsächlichen Eintritt eines Nachweises voraus, so dass die bloße Gefahr eines Nachteils selbst dann nicht genügen kann, wenn sie noch so groß ist. Nicht erforderlich ist allerdings, dass der Benachteiligte tatsächlich schlechter behandelt wird als eine real existierende dritte Person. Fehlt eine Vergleichsperson, ist eine hypothetische Vergleichsbetrachtung anzustellen[216].

(c) Mittelbare Benachteiligung

Von mittelbarer Benachteiligung ist dann auszugehen, wenn vordergründig neutrale Vorschriften, Maßnahmen, Kriterien oder Verfahren Personen oder Personengruppen aufgrund eines der genannten Merkmale ggü. anderen Personen oder Personengruppen bei denen dieses Merkmal nicht vorliegt, schlechter behandeln. Erhalten bspw. nur Reinigungskräfte im Betrieb keine Sonderzahlungen und sind überwiegend Frauen als Reinigungskräfte beschäftigt, kann diese Vorschrift eine mittelbare Diskriminierung wegen des Geschlechts darstellen[217].

(d) Belästigung

Wie von den europäischen Richtlinien gefordert, rechnet § 3 Abs. 3 AGG zu den Benachteiligungen i.S. des Gesetzes auch Belästigungen. Darunter sind unerwünschte Verhaltensweisen zu verstehen, „die mit einem in § 1 AGG genannten Grund in Zusammenhang stehen [und] bezwecken oder bewirken, dass die Würde der betreffenden Person verletzt und ein von Einschüchterungen, Anfeindungen, Erniedrigungen, Entwürdigungen oder Beleidigungen gekennzeichnetes Umfeld geschaffen wird". Im Gegensatz zur Diskriminierung bedeutet die Belästigung nicht notwendigerweise eine Schlechterstellung des Betroffenen ggü. (hypothetischen) anderen Personen, sondern erschöpft sich in einem Angriff auf dessen Persönlichkeit. Sie ist mithin strukturell grundverschieden von der Dis-

---

[216] Annuß, Georg, Das Allgemeine Gleichbehandlungsgesetz im Arbeitsrecht, in: BB (Betriebs-Berater [Zeitschrift]), Heft Nr. 30/2006, S. 1631.

[217] Nollert-Borasio, Christiane, Perreng, Martina, Das Allgemeine Gleichbehandlungsgesetz, Inhalt der gesetzlichen Regelungen und Konsequenzen für die Praxis, in: Der Personalrat (Der Personalrat [Zeitschrift]), Heft Nr. 8/2006, S. 317.

kriminierung, weil das Unrecht bei ihr ohne weiteres in der Handlung selbst liegt und deshalb ohne vergleichende Betrachtung festgestellt werden kann. Bemerkenswert ist die enge Fassung des Begriffs der Belästigung. Verlangt wird nämlich nicht nur ein die Würde des Betreffenden verletzendes oder dies bezweckendes Verhalten, sondern zusätzlich ist notwendig, dass mit diesem Verhalten ein feindliches Umfeld bezweckt oder bewirkt wird. Die Reichweite des Belästigungsverbots kann gegenwärtig kaum verlässlich bestimmt werden. Jedenfalls dürfte eine Beschränkung auf vorsätzliche Verhaltensweisen nicht in Betracht kommen, da § 3 Abs. 3 AGG kein subjektives Element verlangt, sondern davon ausgeht, dass „sowohl der verpönte Erfolg (Würdeverletzung) als auch die verpönte Absicht je für sich schadet". Hingegen hat der Begriff der „unerwünschten Verhaltensweise" insofern eine subjektive Komponente, als sich die belästigte Person belästigt fühlen muss; auch hier sind allerdings sowohl der Begriff der Würdeverletzung als auch das Vorliegen des geforderten spezifischen Umfeldes objektiv auszulegen[218].

(e) Sexuelle Belästigung

Die Definition der sexuellen Belästigung baut auf der Struktur des Belästigungstatbestandes in § 3 Abs. 3 AGG auf. Das unerwünschte Verhalten muss zusätzlich sexuell bestimmt sein. Die Gesetzesbegründung betont die Parallele der Definition zu der in § 2 Abs. 2 BeschäftigtenschutzG a.F., weist aber darauf hin, dass anstelle des dort verwendeten Tatbestandselements „vorsätzlichen" und „erkennbar abgelehnten" die Formulierung „unerwünscht" getreten ist[219].

(f) Anweisung zur Benachteiligung

§ 3 Abs. 5 AGG stellt die Anweisung zur Benachteiligung einer Person aus einem der in § 1 AGG genannten Gründe einer Benachteiligung gleich. Der Gesetzesbegründung zufolge soll eine solche Weisung nur vorsätzlich erfolgen können. Allerdings müsse sich der

---

[218] Annuß, Georg, Das Allgemeine Gleichbehandlungsgesetz im Arbeitsrecht, a.a.O. (Fn. 229), S. 1632.
[219] Vgl. Fuchs, Maximilian (Bearb.), in: Beck'scher Online-Kommentar BGB a.a.O. (Fn. 215), AGG § 3 Rdnr. 11, Stand der zitierten Textstelle: 01.10.2006.

Anweisende der Verbotswidrigkeit der Handlung nicht bewusst sein, da die gesetzlichen Benachteiligungsverbote alle Benachteiligungen betreffen, ohne dass ein Verschulden erforderlich sei[220]. § 3 Abs. 5 S. 2 hebt einen besonderen Fall einer solchen Anweisung hervor, wenn nämlich eine andere Person dazu bestimmt wird, Beschäftigte unter den Voraussetzungen des § 1 AGG zu benachteiligen[221].

(3) Benachteiligungsgrund

(a) Allgemeines

§ 1 AGG enthält eine enumerative Aufzählung der Merkmale, die nach dem AGG nicht Grund für eine Benachteiligung sein dürfen[222]. Die Auslegung der einzelnen Benachteiligungsgründe hat dem europarechtlichen Begriffsverständnis Rechnung zu tragen[223].

(b) Rasse

Rasse ist ein biologischer Begriff, der geburtsbedingt ist. Die Zugehörigkeit eines Menschen zu einer Rasse bedeutet nicht nur die „lebenslängliche" Einordnung in eine Gruppe gleicher Kennzeichen, sondern darüber hinaus die Vererblichkeit dieser Merkmale. Diese durch den bloßen Zufall bestimmte Unentrinnbarkeit vor den vorgegebenen Erbmerkmalen, birgt die Gefahr von Vorurteilen bei Angehörigen von Gruppen anderer Erbmerkmale in sich, weshalb schon der deutsche Verfassungsgeber mit Art. 3 Abs. 3 GG ein entsprechendes Differenzierungsverbot begründete. Das AGG geht – wie die EU-Richtlinie „politically correct" – davon aus, dass es Rassen gar nicht gibt. Die Rechtfertigung einer solchen Differenzierung dürfte nicht möglich sein[224].

---

[220] BT-Drucks. 16/1780 S. 33.

[221] Vgl. Fuchs, Maximilian (Bearb.), in: Beck'scher Online-Kommentar BGB a.a.O. (Fn. 215), AGG § 3 Rdnr. 12, Stand der zitierten Textstelle: 01.10.2006.

[222] Bauer, Jobst-Hubertus, Göpfert, Burkard, Krieger, Steffen (Hrsg./Bearb.), Allgemeines Gleichbehandlungsgesetz, a.a.O. (Fn. 205), § 1 Rdnr. 13.

[223] BT-Drucks. 16/1780, S. 30.

[224] Zimmer, Mark, Volk, Annette, Allgemeines Gleichbehandlungsgesetz – die Diskriminierungsmerkmale, in: FA (Fachanwalt Arbeitsrecht [Zeitschrift]), Heft Nr. 9/2006, S. 258.

(c) Ethnische Herkunft

Das Verbot der Benachteiligung wegen seiner ethnischen Herkunft betrifft bspw. die dänische Minderheit in Schleswig-Holstein, aber auch Sinti und Roma.[225] Wichtigste Gruppe sind die in Deutschland wohnenden Personen ausländischer Abstammung. Dabei spielt die Staatsangehörigkeit keine Rolle. Geschützt ist auch der Türke, der mitlerweile einen deutschen Pass hat. „Russlanddeutsche" und andere Süataussiedler sind gleichfalls erfasst, weil sie eine eigene Gruppenidentität besitzen und häufig sprachliche und kulturelle Besonderheiten aufweisen. Ob sich auch ein Bayer in Berlin wegen Benachteiligung beklagen kann, weil man ihm mit Vorbehalten begegnet sei, ist noch unklar. Gewisse Chancen in einem gerichtlichen Verfahren hätte er durchaus[226].

(d) Geschlecht

In Bezug auf das Geschlecht ist es sicher aussichtslos, z.B. das Einstellen nur weiblicher Stewardessen damit zu rechtfertigen, diese würden von Passagieren bevorzugt gesehen. Der Arbeitgeber muss auch Umsatzeinbußen hinnehmen, wobei eine Ausnahme hiervon bei Totalverlust eines Geschäfts in Betracht kommt (z.B. Vertrieb in arabischen Ländern). Auch darf der Arbeitgeber, der Arbeitnehmer für schwere körperliche Arbeit sucht, Frauen nicht per se ausschließen. Ob Bewerber die Voraussetzungen eines Arbeitsplatzes erfüllen können, ist individuell festzustellen und darf nicht wegen der Geschlechtszugehörigkeit vermutet werden. Eine zulässige Differenzierung kann sich aus biologischer Notwendigkeit ergeben, z.B. bei der Tätigkeit als Amme. Damenmode kann authentisch nur von Damen vorgeführt, eine Sopranrolle nur von einer Frau gesungen werden; gleiches gilt bei der Besetzung einer Schauspielerrolle[227].

---

[225] Vgl. Däubler, Wolfgang, AGG: Neue Aufgaben für Betriebsräte – Keine Benachteiligung bei der Einstellung, in: AiB (Arbeitsrecht im Betrieb [Zeitschrift]), Heft Nr. 10/2006, S. 614.

[226] Däubler, Wolfgang, AGG: Neue Aufgaben für Betriebsräte – Keine Benachteiligung bei der Einstellung, a.a.O. (Fn. 238), S. 614.

[227] Wisskirchen, Gerlind, Der Umgang mit dem Allgemeinen Gleichbehandlungsgesetz – Ein „Kochrezept" für Arbeitgeber, in: DB, Heft Nr. 27/28/2006, S. 1492.

(e) Religion oder Weltanschauung

Es erübrigt sich eine Differenzierung der beiden Merkmale Religion und Weltanschauung untereinander, weil sie beide in gleicher Weise geschützt werden. Es ist daher wenig praxisrelevant, ob ein Bekenntnis schon Religion oder noch Weltanschauung ist. Von größerer Bedeutung ist aber die Frage, wann die Schwelle der Weltanschauung erreicht ist[228]. Nach der Gesetzesbegründung ist darin eine mit der Person des Menschen verbundene Gewissheit über bestimmte Aussagen zum Weltganzen sowie zur Herkunft und zum Ziel menschlichen Lebens, die auf innerweltliche Züge beschränkt ist, zu sehen[229]. Nicht erfasst werden politische Gesinnungen. Regelmäßig gehört zu Religion und Weltanschauung eine Gemeinschaft von Gleichgesinnten, mag sie auch erst noch aufzubauen sein. Von einer Weltanschauung kann man nur sprechen, wenn sie im Hinblick auf Geschlossenheit und Sinngebungskraft mit Religion vergleichbar ist. Nicht erfasst wird daher eine bloß geistige Technik. Schließlich liegt sowohl der Religion als auch der Weltanschauung eine Gewissensentscheidung zugrunde. Aus dem Glauben ergeben sich für den Gläubigen bindende Verpflichtungen, von denen er ohne ernste Gewissensnot nicht abweichen kann, wobei dieser Aspekt auch für die Weltanschauung gilt[230].

(aa) Scientology

Ob die Zugehörigkeit zur Scientology-Organisation unter eines der beiden geschützten Merkmale fällt, muss noch einheitlich entschieden werden[231]. Das BAG hat Scientology jedenfalls wegen ihrer wirtschaftlichen Zielrichtung nicht als Religionsgemeinschaft anerkannt[232]. Nach instanzgerichtlicher Entscheidung kann ein Arbeitnehmer, der Mitglied der Scientology-Organisation ist, wegen Gefährdung des Betriebsfriedens gekündigt werden, wenn der Mitar-

---

[228] Zimmer, Mark, Volk, Annette, Allgemeines Gleichbehandlungsgesetz – die Diskriminierungsmerkmale, a.a.O. (Fn. 237), S. 259.

[229] BT-Drucks. 16/2022, S. 28.

[230] Zimmer, Mark, Volk, Annette, Allgemeines Gleichbehandlungsgesetz – die Diskriminierungsmerkmale, a.a.O. (Fn. 237), S. 259.

[231] Zimmer, Mark, Volk, Annette, Allgemeines Gleichbehandlungsgesetz – die Diskriminierungsmerkmale, a.a.O. (Fn. 237), S. 259.

[232] BAG Beschl. (Beschluss) vom 22.3.1995, 5 AZB 21/94, NZA Heft Nr. 17/1995, S. 823 ff.

beiter als Betriebsrat[233] oder als psychologische Jugendbetreuerin einer gemeinnützigen Einrichtung[234] inakzeptabel Werbung für Scientology macht[235].

(bb) Religiöse Feiertage, Gebetsrituale, religiös bedingte Kleidung

Was Aufnahmeprüfungen an religiösen Feiertagen betrifft, so hat der EuGH bereits im Jahr 1976 entschieden, eine für alle Bewerber gleich durchzuführende Aufnahmeprüfung dürfe dann nicht an einem religiösen Feiertag stattfinden, wenn ein Kandidat hierauf rechtzeitig hinweise[236]. Zu Kollisionen von Gebetsritualen mit den betrieblichen Abläufen sind 2 Entscheidungen des LAG Hamm zu vermerken[237]. Danach ist ein Arbeitgeber zwar grundsätzlich berechtigt, seinen Arbeitsplatz zur Abhaltung kurzzeitiger Gebete zu verlassen. Er darf dies jedoch nicht ohne Rücksprache mit seinem Vorgesetzten tun. Außerdem dürfen dadurch keine betrieblichen Störungen verursacht werden. Solche Störungen können etwa dadurch eintreten, dass der Arbeitnehmer am Fließband eingesetzt wird und keine kurzzeitigen Unterbrechungen außerhalb der Pausenzeiten vertretbar sind.

(cc) Religiöse Trachten

Zur Problematik der religiösen Trachten hat das BAG 2002 entschieden, die Weigerung einer moslimischen Verkäuferin in einem Kaufhaus, das Kopftuch während der Arbeit abzulegen, rechtfertige keine Kündigung, wenn der Arbeitgeber keine konkreten betrieblichen Beeinträchtigungen hierdurch darlege[238]. Ähnliches gilt für den öffentlichen Dienst[239]. Etwas anderes dürfte jedoch für die sog. Bur-

---

[233] ArbG (Arbeitsgericht) Ludwigshafen Urt. vom 12.5.1993, 3 Ca 3165/92, BB 1994, S. 861 ff.

[234] LAG (Landesarbeitsgericht) Berlin Urt. vom 11.6.1997, 13 Sa 19/97, LAGE (Entscheidungen der Landesarbeitsgerichte [Entscheidungssammlung]) § 626 BGB Nr. 112.

[235] Zimmer, Mark, Volk, Annette, Allgemeines Gleichbehandlungsgesetz – die Diskriminierungsmerkmale, a.a.O. (Fn. 237), S. 259.

[236] EuGH Urt. vom 27.10.1976, Rs. 130/75 (Paris/Rat), Slg. 1976, S. 1589 ff.

[237] LAG Hamm Urt. vom 18.1.2002, 5 Sa 1782/01, LAGE § 616 BGB Nr. 11; LAG Hamm Urt. vom 26.2.2002, 5 Sa 1582/01, LAGE Art. 4 GG Nr. 3.

[238] BAG Urt. vom 10.10.2002, 2 AZR 472/01, NZA Heft Nr. 9/2003, S. 483 ff.

[239] BVerfG Urt. vom 24.9.2003 – 2 BvR 1436/02, NJW (Neue Juristische Wo-

ka gelten, durch die der Körper der Frau fast vollständig verhüllt wird[240].

(f) Behinderung

Unter einer Behinderung i.S. des § 1 AGG ist nicht nur die „Schwerbehinderung zu verstehen, sondern jede Form der Behinderung wie sie in § 2 Abs. 1 SGB IX definiert ist[241]. Dies ist in der amtlichen Begründung zum AGG ausdrücklich hervorgehoben worden[242]. Wer einen Grad der Behinderung von 40 hat, ohne den Schwerbehinderten gleichgestellt zu sein, ist daher ebenso erfasst wie bspw. eine Person, die an Platzangst oder Essstörungen leidet und deren Teilhabe am sozialen Leben deshalb für mehr als 6 Monate beeinträchtigt ist[243].

(g) Alter

Das Diskriminierungsmerkmal, dessen Einführung voraussichtlich die weitreichendsten Auswirkungen auf das nationale Recht haben wird, dürfte das Alter sein. Vieles spricht dafür, dass – entsprechend etwa dem Diskriminierungsmerkmal des Geschlechts – nicht nur die typischerweise benachteiligte Gruppe (also Frauen bzw. ältere Arbeitnehmer) geschützt ist, sondern auch die jeweils andere Gruppe. Verboten ist damit also auch eine Diskriminierung wegen des „jungen Alters". Inwieweit danach auch z.B. noch eine Sozialauswahl im Falle einer betriebsbedingten Kündigung unter gewichtiger Berücksichtigung des Lebensalters (das mittelbar auch bei der Betriebszugehörigkeit eine Rolle spielt) zulässig ist oder Altersgrenzen vereinbart werden können, ist eine offene Frage. Die Verfasser des AGG haben dies gesehen und versucht, durch klarstellende Regelungen (§ 10 S. 3 Nr. 5 und Nr. 6 AGG) eine verbotene Benachteiligung auszuschließen. Ob mit dieser Darstellung schon die Vorgaben der Europäischen Antidiskriminierungsrichtlinien

---

chenschrift [Zeitschrift]) Heft Nr. 43/2003, S. 3111 ff.

[240] Zimmer, Mark, Volk, Annette, Allgemeines Gleichbehandlungsgesetz – die Diskriminierungsmerkmale, a.a.O. (Fn. 237), S. 259.

[241] Vgl. Däubler, Wolfgang, AGG: Neue Aufgaben für Betriebsräte – Keine Benachteiligung bei der Einstellung, a.a.O. (Fn. 238), S. 614.

[242] BR-Drucks. (Drucksache des Bundesrates) 329/06, S. 31.

[243] Däubler, Wolfgang, AGG: Neue Aufgaben für Betriebsräte – Keine Benachteiligung bei der Einstellung, a.a.O. (Fn. 238), S. 614.

eingehalten sind, wird mit Sicherheit noch kontroverse Diskussion auslösen. Im Fall einer abweichenden Auslegung durch den EuGH müsste ggf. auch damit gerechnet werden, dass der EuGH die europarechtswidrige nationale Vorschrift für unanwendbar erklärt[244].

(h) Sexuelle Identität

Unzulässig ist nach dem AGG die Benachteiligung wegen der „sexuellen Identität". Insoweit geht das AGG über die Richtlinie hinaus, wo lediglich von „sexueller Ausrichtung" die Rede ist[245]. Nach der Gesetzesbegründung umfasst der Begriff „homosexuelle Männer und Frauen ebenso wie bisexuelle, transsexuelle oder zwischengeschlechtliche Menschen"[246]. Bereits vor Inkrafttreten des AGG hatte das BAG entschieden, dass ein Mitarbeiter – auch in seiner Probezeit – nicht wegen seiner Homosexualität gekündigt werden darf[247].

(4) Kausalität

Die Vorstellung des Täters über das Vorliegen eines Grundes nach § 1 AGG muss ursächlich für die benachteiligende Handlung sein. Dies ergibt sich aus der Verwendung des Wortes „wegen" in § 7 Abs. 1 AGG. Mit anderen Worten heißt das, ein Benachteiligungsgrund (oder mehrere Benachteiligungsgründe, vgl. § 4 AGG) nach § 1 AGG muss Motiv für die benachteiligende Handlung sein[248]. Nach der Rechtsprechung[249] zur Gleichberechtigung von Mann und Frau ist es unschädlich, wenn daneben noch andere Erwägungen eine Rolle gespielt haben: Es genügt, dass das Geschlecht ein Argument in einem „Motivbündel" war. Für die anderen Merkmale kann nichts anderes gelten. Auch spielt es keine Rolle, wenn diese in Wahrheit gar nicht vorlagen, sondern nur irrtümlich angenommen wurden: Der Sinti ist in Wirklichkeit gar keiner, der

[244] Röder, Gerhard, Krieger, Steffen, Einführung in das neue Antidiskriminierungsrecht, FA, Heft Nr. 7/2006, S. 200.
[245] Zimmer, Mark, Volk, Annette, Allgemeines Gleichbehandlungsgesetz – die Diskriminierungsmerkmale, a.a.O. (Fn. 237), S. 260.
[246] BT-Drucks. 16/1780, S. 31.
[247] BAG Urt. vom 23.6.1994, 2 AZR 617/93, NZA Heft Nr. 23/1994, S.1080-1083.
[248] Bauer, Jobst-Hubertus, Göpfert, Burkard, Krieger, Steffen (Hrsg./Bearb.), Allgemeines Gleichbehandlungsgesetz, a.a.O. (Fn. 205), § 7 Rdnr. 13.
[249] Vgl. BAG Urt. vom 5.2.2004, 8 AZR 112/03, NZA Heft Nr. 10/2004, S. 544.

türkische Bewerber kein radikaler Moslem, sondern ein überzeugter Anhänger Atatürks, der angeblich Homosexuelle glücklich verheiratet. Würde man anders entscheiden, müsste im Streitfall Beweis erhoben werden, was man niemandem zumuten kann[250].

cc) Mögliche Rechtfertigung

Nicht jede Ungleichbehandlung stellt eine verbotene Diskriminierung dar. Die Tatbestände, in denen eine Benachteiligung wegen eines der Diskriminierungsmerkmale ausnahmsweise gerechtfertigt sein kann, sind in §§ 8 bis 10 AGG aber eng begrenzt. Wesentlicher und praktisch bedeutsamster Rechtfertigungsgrund ist die Rechtfertigung wegen beruflicher Anforderungen nach § 8 Abs. 1 AGG. Danach ist die Ungleichbehandlung auf Grund eines der genannten Diskriminierungsmerkmale keine verbotene Diskriminierung, wenn das betreffende Merkmal auf Grund der Art der beruflichen Tätigkeit oder der Bedingungen ihrer Ausübung eine wesentliche und entscheidende berufliche Anforderung darstellt, sofern es sich dabei um einen rechtmäßigen Zweck und eine angemessene Anforderung handelt[251]. Der Rechtfertigungsgrund der beruflichen Anforderung ist nach der Rechtsprechung des EuGH als Ausnahme vom Recht auf Gleichbehandlung eng auszulegen und unter Beachtung des Grundsatzes der Verhältnismäßigkeit anzuwenden[252]. Gemäß § 5 AGG sind ungeachtet der in den §§ 8 bis 10 AGG benannten Gründe eine unterschiedliche Behandlung auch zulässig, wenn durch geeignete und angemessene Maßnahmen bestehende Nachteile wegen eines in § 1 AGG genannten Grundes ausgeglichen werden sollen. Im Arbeitsrecht sind vor allem Maßnahmen zur Förderung der Chancengleichheit von Männern und Frauen zulässig, so die Bereitstellung von Plätzen im Betriebskindergarten nur für Kinder der im Betrieb unterrepräsentierten weiblichen Arbeitnehmer und die bevorzugte Einstellung oder Beförderung von weiblichen Arbeitnehmern bei gleicher Qualifikation, wenn sie in dem betreffenden Betrieb oder Arbeitsbereich unterrepräsentiert sind. Bei gleicher Quali-

---

[250] Däubler, Wolfgang, AGG: Neue Aufgaben für Betriebsräte – Keine Benachteiligung bei der Einstellung, a.a.O. (Fn. 238), S. 615.
[251] Röder, Gerhard, Krieger, Steffen, Einführung in das neue Antidiskriminierungsrecht, a.a.O. (Fn. 257), S. 201.
[252] EuGH Urt. vom 15.5.1986, Rs. 224/84 (Johnstou/Chief Constable of the Royal Ulster Constabulary), Slg. 1986, S. 1651 ff.

fikation darf aber kein absoluter Vorrang bestehen; er muss in Ausnahmefällen zurücktreten, wenn überwiegende Gründe für die Einstellung oder Beförderung des männlichen Bewerbers sprechen[253].

dd) Fristen zur Geltendmachung, Verjährung

§ 15 Abs. 4 AGG normiert eine materielle Ausschlussfrist für die Geltendmachung des Schadensersatzanspruchs nach § 15 Abs. 1 AGG und des Entschädigungsanspruchs nach § 15 Abs. 2 AGG. Die Nichteinhaltung der Ausschlussfrist führt zum Verlust des Anspruchs. Der Gesetzgeber hat zur Begründung der Vorschrift auf die in § 22 geregelte Beweislastverteilung hingewiesen, weshalb dem Arbeitgeber nicht zugemutet werden soll, Dokumentationen über Einstellungsverfahren etc. (et cetera [lat.: und so weiter]) bis zum Ablauf der allgemeinen Verjährungsfrist von drei Jahren aufbewahren zu müssen[254]. Eine tarifvertraglich vereinbarte Ausschlussfrist oder anderweitige Regelungen hat nach § 15 Abs. 4 S. 1 AGG Vorrang vor der gesetzlichen Ausschlussfrist. In § 15 Abs. 4 S. 2 AGG ist der Beginn der Ausschlussfrist in Abhängigkeit von der Maßnahme festgelegt. Im Falle einer Bewerbung oder eines beruflichen Aufstiegs ist es der Zugang der Ablehnung. Teilt der Arbeitgeber einem Bewerber die Ablehnung seiner Bewerbung nicht mit, so beginnt die Ausschlussfrist nicht zu laufen. In sonstigen Fällen ist die (positive) Kenntnis von der Benachteiligung der maßgebliche Zeitpunkt. Die Frist ist nach §§ 187 Abs. 1, 188 Abs. 2 BGB zu berechnen. Der Anspruch ist in der Schriftform des § 126 BGB geltend zu machen[255]. § 15 Abs. 4 AGG ist nicht als Klagefrist ausgestaltet. Der Benachteiligte muss innerhalb der Zwei-Monats-Frist seine Ansprüche lediglich schriftlich ggü. dem Arbeitgeber geltend machen, keineswegs muss er innerhalb der Frist Klage erheben. Hat er seine Ansprüche fristgerecht geltend gemacht, unterliegen diese fortan der regelmäßigen Verjährung nach §§ 195, 199 BGB, denn die schriftliche Geltendmachung führt als solche – vorbehaltlich des § 203 BGB – nicht zur Hemmung der Verjährung. Aus diesem Grund wird man kaum sagen können, § 15 Abs. 4 AGG erschwere übermäßig die Ausübung

---

253 Heinrichs, Helmut (Berab.), in: Bürgerliches Gesetzbuch, a.a.O. (Fn. 198), AGG 5 Rdnr. 2.
254 BT-Drucks. 16/1780 S. 38.
255 Vgl. Fuchs, Maximilian (Bearb.), in: Beck'scher Online-Kommentar BGB a.a.O. (Fn. 215), AGG § 15 Rdnr. 9, Stand der zitierten Textstelle: 01.10.2006.

der dem Benachteiligten vom Gemeinschaftsrecht verliehenen Rechte[256].

ee) Klageerhebung

Neben der materiellen Ausschlussfrist des § 15 Abs. 4 AGG ist die Klagefrist des § 61b Abs. 1 ArbGG (Arbeitsgerichtsgesetz)[257] zu beachten[258]. Ausweislich der Gesetzesbegründung hat der Gesetzgeber bei der Neufassung des § 61b Abs. 1 ArbGG die bisher in dieser Vorschrift enthaltene Frist von 3 Monaten beibehalten, aber auf Fälle der Benachteiligung ausgedehnt[259]. § 61b Abs. 1 ArbGG spricht von einer Klage auf Entschädigung. Dies könnte den Eindruck erwecken, als ob sich die Vorschrift nur auf den Entschädigungsanspruch nach § 15 Abs. 2 AGG beziehen würde. Bei der jetzt vorliegenden Gesetzesformulierung ist aber wohl von einem Redaktionsversehen auszugehen. Es kann nicht angenommen werden, dass der Gesetzgeber den mit § 61b Abs. 1 ArbGG verfolgten Beschleunigungszweck nicht für den materiellen Schadensersatz einschlägig betrachten wollte. Das stünde im Wiederspruch zu § 15 Abs. 4 AGG, wo ebenfalls die materielle Frist zum Zwecke der Beschleunigung auch für den Schadensersatzanspruch vorgesehen ist. Beibehalten wurde auch, aber ausgedehnt auf alle Benachteiligungsfälle, die Regelung in § 61b Abs. 2 ArbGG. Diese Vorschrift regelt die ausschließliche Zuständigkeit, in der mehrere Bewerber Ansprüche wegen Benachteiligung bei der Begründung eines Arbeitsverhältnisses oder bei beruflichem Aufstieg nach § 15 AGG gerichtlich geltend machen. In diesem Fall wird auf Antrag des Arbeitgebers das ArbG, bei dem die erste Klage erhoben ist, auch für die übrigen Klagen ausschließlich zuständig. Die Rechtsstreitigkeiten sind von Amts wegen an dieses Arbeitsgericht zu verweisen. Auf Antrag des Arbeitgebers findet in diesen Fällen die mündliche Verhandlung nicht vor Ablauf von 6 Monaten seit Erhebung der ersten Klage statt

---

[256] Wagner, Gerhard, Potsch, Nicolas, Haftung für Diskriminierungsschäden nach dem Allgemeinen Gleichbehandlungsgesetz, in: JZ (Juristenzeitung [Zeitschrift]), Heft Nr. 22/2006, S. 1092.

[257] I.d.F. der Bek. vom 2.7.1979 (BGBl. 1979 I S. 853, 1036), zuletzt geändert durch Art. 8 Abs. 3 Gesetz zur Änderung des Betriebsrentengesetzes und anderer Gesetze vom 2.12.2006 (BGBl. 2006 I S. 2742).

[258] Fuchs, Maximilian (Bearb.), in: Beck'scher Online-Kommentar BGB a.a.O. (Fn. 215), AGG § 15 Rdnr. 10, Stand der zitierten Textstelle: 01.10.2006.

[259] BT-Drucks. 16/1780 S. 56.

(§ 61b Abs. 3 ArbGG). Damit eröffnet das Gesetz unter Verzicht auf den Grundsatz der Beschleunigung (§ 9 Abs. 1 ArbGG) die Möglichkeit, ein einheitliches Verfahren unter Berücksichtigung aller fristgerecht erhobenen Klagen durchzuführen. Gemäß § 12 Abs. 5 AGG ist § 61b ArbGG im Betrieb oder in der Dienststelle bekanntzumachen[260].

c) Rechtsfolgen

aa) Beschwerde- und Leistungsverweigerungsrecht

§ 13 AGG normiert ein Beschwerderecht von Beschäftigten, die sich im Zusammenhang mit ihrem Beschäftigungsverhältnis auf Grund eines verpönten Merkmals benachteiligt fühlen. Die zuständige Stelle ist nicht vorgegeben, nach der Entwurfsbegründung kann es sich z.B. um einen Vorgesetzten, aber auch um eine betriebliche Beschwerdestelle handeln. Ebenso kommt die Personalabteilung als Beschwerdestelle in Betracht. Besteht im Betrieb ein Betriebsrat, kann der Arbeitgeber die Beschwerdestelle nicht für alle Fälle der Benachteiligung allein bestimmen. Soweit es um Belästigungen durch Beschäftigte geht, ist das Ordnungsverhalten der Arbeitnehmer betroffen, so dass der Betriebsrat nach § 87 Abs. 1 Nr. 1 BetrVG mitzubestimmen hat. Zu den Rechten der Beschäftigten zählen ferner das Leistungsverweigerungsrecht nach § 14 AGG. Wenn ein Beschäftigter (sexuell) belästigt wird und der Arbeitgeber dagegen keine oder nur unzureichende Maßnahmen ergreift, kann der Beschäftigte die Leistung verweigern. Das gilt allerdings nur dann, wenn die Leistungsverweigerung zum Schutz des Betroffenen erforderlich ist. Auch werden von den Benachteiligungsformen nur die Fälle der (sexuellen) Belästigung erfasst[261].

bb) Schadensersatz und Entschädigung

(1) Allgemeines

Das AGG gewährt bei einem Verstoß gegen das Benachteili-

---

[260] Fuchs, Maximilian (Bearb.), in: Beck'scher Online-Kommentar BGB a.a.O. (Fn. 215), AGG § 15 Rdnr. 10, Stand der zitierten Textstelle: 01.10.2006.

[261] Kamanabrou, Sudabeh, Die arbeitsrechtlichen Vorschriften des Allgemeinen Gleichbehandlungsgesetzes, a.a.O. (Fn. 187), S. 335.

gungsverbot einen Anspruch auf Schadensersatz und Entschädigung. Die insoweit maßgebliche und zentrale Haftungsnorm ist § 15 AGG. Während sich § 15 Abs. 1 AGG auf den Ersatz eines durch die Benachteiligung entstandenen materiellen Schadens bezieht, erfasst § 15 Abs. 2 AGG den Ersatz eines durch die Verletzung entstandenen immateriellen Schadens[262]. Die Unterscheidung zwischen Schadensersatz und Entschädigung in § 15 AGG ist neu. § 611a Abs. 2 BGB a.F. ordnete als Sanktion der Geschlechterdiskriminierung einen einheitlichen Anspruch auf „angemessene Entschädigung in Geld" an. Obwohl die Formulierung der Rechtsfolgenanordnung mit der des heutigen § 15 Abs. 2 S. 1 AGG identisch ist, entsprach es der herrschenden Meinung, dass dieser Anspruch sowohl den materiellen Diskriminierungsschaden als auch den Nichtvermögensschaden umfasste. Diese These lässt sich angesichts der Systematik des AGG nicht mehr aufrechterhalten. Stattdessen entsteht durch den neuen Dualismus von materiellem und immateriellen Schaden eine eigene Wechselwirkungsdynamik[263].

(2) Schadensersatz

Gemäß § 15 Abs. 1 S. 1 AGG ist der Arbeitgeber zunächst verpflichtet, dem benachteiligten Arbeitnehmer den aus der Benachteiligung entstandenen materiellen Schaden zu ersetzen. Ein entsprechender Anspruch setzt allerdings gemäß § 15 Abs. 1 S. 2 AGG ein Verschulden des Arbeitgebers voraus. Hierbei wird ihm das Fehlverhalten von Vorgesetzten, denen er als Erfüllungsgehilfen zumindest teilweise das Direktionsrecht übertragen hat, nach § 278 BGB zugerechnet. Diskriminierendes Verhalten durch Kollegen oder betriebsfremde Dritte wird dagegen regelmäßig nur dann zu einer Schadensersatzpflicht führen, wenn in der – vorsätzlich oder fahrlässig – ohne Beanstandungen hingenommenen Benachteiligung von Beschäftigten eine eigene Pflichtverletzung des Arbeitgebers zu sehen ist. Einer besondere Bedeutung wird insofern der Umsetzung der sich aus § 12 AGG ergebenden Maßnahmen und Pflichten zum Schutz vor Benachteiligungen zukommen. Verlangt werden kann nach §§ 249 ff. BGB der in der Höhe nicht begrenzte Ersatz von

---

[262] Bauer, Jobst-Hubertus, Evers, Malte, Schadensersatz und Entschädigung bei Diskriminierung – Ein Fass ohne Boden?, in: NZA, Heft Nr. 16/2006, S. 893.
[263] Wagner, Gerhard, Potsch, Nicolas, Haftung für Diskriminierungsschäden nach dem Allgemeinen Gleichbehandlungsgesetz, a.a.O. (Fn. 269), S. 1092.

Vermögensschäden, die durch die Benachteiligung entstanden sind. Typische Schadensersatzforderungen werden regelmäßig dem Verdienstausfall bei Benachteiligung im Rahmen von Einstellung, Beförderung oder Kündigung betreffen[264].

(3) Entschädigung

Der Anspruch auf Entschädigung ist auf Ersatz des immateriellen Schadens, also des Nichtvermögensschadens, gerichtet. Die Regelung ist lex specialis zu § 253 Abs. 1 BGB. Es stellt sich die Frage, ob der Anspruch verschuldensunabhängig ausgestaltet ist. Der Umstand, dass die Vorschrift keine tatbestandlichen Voraussetzungen beinhaltet, könnte dafür sprechen, dass insoweit vollumfänglich auf § 15 Abs. 1 AGG – und damit auch auf das dort geregelte Verschuldenserfordernis – abzustellen ist. Eine europarechtskonforme Auslegung von § 15 Abs. 2 AGG verlangt indes eine verschuldensunabhängige Ausgestaltung des Entschädigungsanspruchs. Auch eine verschuldensunabhängige Haftung des Arbeitgebers setzt allerdings einen Anknüpfungspunkt voraus, da andernfalls eine uferlose Arbeitgeberhaftung bestünde. insoweit ist auf Sphärengedanken abzustellen: Begeht ein Arbeitnehmer im Betrieb eine rechtswidrige Benachteiligung, haftet der Arbeitgeber auch dann, wenn der Arbeitnehmer nicht in Erfüllung der ihm übertragenen Aufgaben, sondern „bei Gelegenheit" handelt. dies ist bspw. bei einer (sexuellen) Belästigung der Fall. Erforderlich, aber auch ausreichend für die Haftung des Arbeitgebers nach § 15 Abs. 2 AGG ist, dass die Verletzungshandlung aus seiner Sphäre resultiert. Für außerdienstliche Verhaltensweisen haftet der Arbeitgeber demgegenüber nicht. Ergibt sich der Verstoß gegen das Benachteiligungsverbot aus der Anwendung kollektivvertraglicher Vereinbarungen, enthält § 15 Abs. 3 AGG ein Haftungsprivileg. In diesem Fall haftet der Arbeitgeber nur dann, wenn er vorsätzlich oder grob fahrlässig gehandelt hat. Hinsichtlich der Bemessung der Entschädigung sieht § 15 Abs. 2 S. 2 AGG eine „Deckelung" auf drei Monatsgehälter für den Fall vor, dass der Beschäftigte auch bei benachteiligungsfreier Auswahl nicht eingestellt worden wäre. Im Übrigen sieht das AGG keine Beschränkung vor. Bei Nichteinstellung eines diskriminierten Bewerbers, der bei be-

---

[264] Oberwinter, Jens-Wilhelm, Ziegler, Ulrich, AGG: Sanktionen, Beweislastverteilung und Klagerecht – Risiken und Nebenwirkungen für Arbeitgeber, in: FA, Heft Nr. 9/2006, S. 264.

nachteiligungsfreier Auswahl eingestellt worden wäre, dürfte der Anspruch allerdings entsprechend §§ 9,10 KSchG begrenzt sein[265].

cc) Maßregelungsverbot

Unter den möglichen Rechtsfolgen einer Benachteiligung oder Belästigung könnte sich das Maßregelungsverbot nach § 16 AGG als besonders problematisch erweisen[266]. Danach darf der Arbeitgeber Beschäftigte nicht wegen der Inanspruchnahme von Rechten nach dem AGG benachteiligen. Gleiches gilt für Personen, die einen Beschäftigten bei der Wahrnehmung seiner Rechte nach dem AGG unterstützen oder als Zeugin oder Zeuge aussagen[267]. Nach Sinn und Zweck des Maßregelungsverbots scheiden offensichtlich unbedeutende Unterstützungshandlungen aus, etwa die Empfehlung eines Rechtsanwalts oder anderer Ansprechpersonen. Auch „aufgedrängte" Unterstützungsmaßnahmen führen nicht dazu, dass sich ein Mitarbeiter quasi ungefragt in den Schutzbereich des Maßregelungsverbots nach § 16 Abs. 1 AGG begeben kann. Nicht betroffen vom Maßregelungsverbot sind auch Personen, die den Arbeitgeber bei der Umsetzung seiner Organisationspflichten nach § 12 AGG unterstützen, etwa ein Personalleiter. Anderes gilt für einen betrieblichen Obmann oder eine Vertrauensperson des Betriebes, die als „Anlaufstelle" für die Beschäftigten die Funktion der Beschwerdestelle nach § 13 AGG übernimmt. Zeuge i.S. des § 16 AGG sind sämtliche Personen, die in einem formalisierten (also ggf. gerichtlichen) Verfahren aus eigener Wahrnehmung berichten und damit zur Aufklärung des Sachverhalts beitragen, ferner jene Personen, die den Arbeitgeber oder einen vom Arbeitgeber benannten neutralen Dritten bei der Aufklärung des Sachverhalts durch Aussagen unterstützen. Um in den Schutzbereich des Maßregelungsverbots zu fallen, muss die angeblich gemaßregelte Person auch unter Geltung des AGG zunächst Indizien darlegen, die eine Maßregelung vermu-

---

[265] Seel, Henning, AGG – Schadensersatz für Diskriminierung im Bewerbungsverfahren, in: MDR (Monatsschrift für Deutsches Recht [Zeitschrift]), Heft Nr. 23/2006, S. 1324.

[266] Vgl. Göpfert, Burkard, Siegrist, Carolin, Diskriminierungsverdacht: Über den richtigen Umgang mit arbeitsrechtlichen Diskriminierungsfällen, in: ZIP (Zeitschrift für die gesamte Insolvenzpraxis), Heft Nr. 37/2006, S. 1715.

[267] Göpfert, Burkard, Siegrist, Carolin, Diskriminierungsverdacht: Über den richtigen Umgang mit arbeitsrechtlichen Diskriminierungsfällen, a.a.O (Fn. 279), S. 1715.

ten lassen (in den USA sog. prima-facie-Fall[268] einer Retaliation[269]). D.h. dass er/sie (1) entweder selbst von der Benachteiligung betroffen oder an einer Unterstützungsmaßnahme i.S. des § 16 AGG beteiligt war, von der das Unternehmen Kenntnis hatte, (2) er/sie jetzt seitens des Unternehmens einer wesentlichen und benachteiligenden Maßnahme ausgesetzt ist und (3) dass zwischen der Geltendmachung von Ansprüchen nach dem AGG bzw. den Unterstützungshandlungen zu Gunsten eines Benachteiligten und den jetzt seitens des Arbeitgebers ergriffenen Maßnahmen ein ursächlicher Zusammenhang besteht. Für die Darlegung des ursächlichen Zusammenhangs kommt es auf die zeitliche Nähe zur Geltendmachung der Rechte nach dem AGG bzw. zur Unterstützungshandlung an sowie darauf, welche Intensität die Unterstützungshandlung hatte. Je geringfügiger die Unterstützungshandlung war und je weiter sie von der jetzt geltend gemachten Maßregelung zeitlich entfernt ist, desto höher sind die Anforderungen an die Darlegung, die dann ggf. zur Beweislastumkehr nach § 16 Abs. 3 i.V.m. (in Verbindung mit) § 22 AGG führt. § 16 Abs. 3 AGG bestimmt, dass die Beweislastumkehr nach § 22 AGG auch für die Geltendmachung einer verbotenen Maßregelung gilt. Gelingt es also einem Beschäftigten, Indizien vorzutragen, die eine Maßregelung vermuten lassen, ist es Sache des Arbeitgebers zu beweisen, dass die streitgegenständliche Personalmaßnahme gerade nicht im Zusammenhang mit einer vorangegangenen Inanspruchnahme von Rechten nach dem AGG, einer darauf gerichteten Unterstützungsmaßnahme oder einer entsprechenden Zeugenaussage steht. Kann der Arbeitgeber die gerügte Handlung durch eine in sich sinnvoll begründbare Unternehmensentscheidung erklären, liegt keine Maßregelung vor[270].

d) Beweislast

Das AGG enthält in § 22 AGG eine besondere Regelung zur Verteilung der Beweislast bei behaupteter Diskriminierung. Die Auslegung der Vorschrift wird entscheidend für die „Wirkung" des

---

[268] Prima facie (lat.) = nach erstem Anschein; Prima-facie-Beweis = Beweis des ersten Anscheins.

[269] Retaliation (spätlat.) = mit Gleichem vergelten, Wiedervergeltung.

[270] Göpfert, Burkard, Siegrist, Carolin, Diskriminierungsverdacht: Über den richtigen Umgang mit arbeitsrechtlichen Diskriminierungsfällen, a.a.O (Fn. 279), S. 1715 f.

neuen Gesetzes in der Praxis sein[271]. § 22 AGG enthält eine zweistufige Beweislastregelung. Auf der ersten Stufe hat der Arbeitnehmer Hilfstatsachen (Indizien) darzulegen und ggf. zu beweisen, aus denen sich nach allgemeiner Lebenserfahrung eine überwiegende Wahrscheinlichkeit für das Vorliegen einer Diskriminierung ergibt. Auf der zweiten Stufe hat der Arbeitgeber die rechtliche Zulässigkeit seines Handelns zu beweisen. Für den gelungenen Nachweis einer Diskriminierungsvermutung ist grds. nur Tatsachenvortrag geeignet, der einen hinreichenden Bezug zum Unternehmen des Arbeitgebers und der streitigen Maßnahme hat. Entscheidend ist, ob für einen verständigen Dritten tatsächlich ein plausibler, d.h. für jedermann ohne weiteres erkennbarer Zusammenhang zwischen den vorgetragenen Hilfstatsachen und der behaupteten Motivlage erkennbar ist. Vom Arbeitgeber vorgelegte Statistiken müssen aussagekräftig sein, d.h. sie müssen einen konkreten Unternehmensbezug aufweisen und die vorgelegten Zahlen müssen mit der nachzuweisenden Motivlage des Arbeitgebers in einem logisch-inneren Zusammenhang stehen. Der Arbeitgeber kann zu seiner Rechtfertigung sämtliche Gründe vortragen, auf die er seine Entscheidung tatsächlich gestützt hat. Das AGG statuiert keinen allgemeinen Anspruch auf eine Mitteilung von Gründen für diskriminierungsfreies Handeln; ein solcher Anspruch lässt sich nach § 22 AGG auch nicht aus Rechtsgrundlagen ableiten. AGG-spezifische Verfahrensfehler führen grds. nicht zu einer Präklusion potenzieller Rechtfertigungsgründe[272].

e) Mitwirkung von Antidiskriminierungsverbänden

§ 23 regelt die Mitwirkungsbefugnis von Verbänden, die sich die Bekämpfung von Benachteiligungen zur Aufgabe gemacht haben[273]. Die Verbände dürfen in der ersten Instanz vor dem ArbG als Beistände agieren, danach müssen Anwälte eingeschaltet sein. Ansonsten ist den Verbänden die „Besorgung von Rechtsangelegenheiten Benachteiligter" gestattet (§ 23 AGG). Wer die Antidiskrimie-

---

[271] Vgl. Grobys, Marcel, Die Beweislast im Anti-Diskriminierungsprozess, in: NZA, Heft Nr. 16/2006, S. 898.

[272] Grobys, Marcel, Die Beweislast im Anti-Diskriminierungsprozess, in: NZA, a.a.O. (Fn. 284), S. 903 f.

[273] Grüneberg, Christian (Bearb.), in: Bürgerliches Gesetzbuch, a.a.O. (Fn. 198), AGG 23 Rdnr. 1.

rungsverbände sein könnten und wen sie bei Benachteiligung vor Gericht unterstützen werden, zeichnet sich bislang erst ansatzweise ab[274]. Im Internet stößt man an prominenter Stelle auf den D.A.D.V. (Deutscher Antidiskriminierungsverband) mit Sitz in Bornheim. Der repräsentiert 200 Mitglieder, darunter Gewerkschafter, Personalverantwortliche und Betroffene[275]. Ein Verband, der die Kriterien des AGG formal erfüllt, muss nach § 23 AGG mindestens 75 Mitglieder haben oder einen Zusammenschluss aus mindestens sieben Verbänden bilden und laut Satzung die besonderen Interessen von Benachteiligten (nicht gewerbsmäßig) vertreten[276].

f) Pflichten der Arbeitgeber nach dem AGG

aa) Übersicht

Die einzelnen Pflichten der Arbeitgeber nach dem AGG sind zur Veranschaulichung in einer Zeichnung in Anhang III grafisch dargestellt.

bb) Ausschreibung

In § 11 AGG ist das Verbot der diskriminierenden Stellenausschreibung normiert. Stellenausschreibungen dürfen gemäß § 11 AGG nicht gegen das Verbot des § 7 Abs. 1 AGG verstoßen. Einer solchen Vorschrift bedurfte es, da die Stellenausschreibung an sich keine ungünstige Benachteiligung darstellt. § 11 AGG gewährleistet, dass das Verbot der Benachteiligung bereits im Vorfeld der Begründung von Arbeitsverhältnissen wirksam wird[277]. Der Begriff der Stellenausschreibung umfasst sowohl die interne als auch die externe Ausschreibung zu besetzender Stellen. Es bestand vor Inkrafttreten des AGG bereits eine Regelung, die eine Diskriminierung bei der Stellenausschreibung hinsichtlich des Merkmals „Geschlecht" un-

---

[274] O.V., Zur künftigen Rolle der Antidiskriminierungsverbände – Verbände wollen sich positionieren, in: Personalführung (Personalführung [Zeitschrift]), Heft Nr. 11/2006, S. 14.

[275] Vgl. O.V., Zur künftigen Rolle der Antidiskriminierungsverbände – Verbände wollen sich positionieren, a.a.O. (Fn. 287), S. 14.

[276] Vgl. O.V., Zur künftigen Rolle der Antidiskriminierungsverbände – Verbände wollen sich positionieren, a.a.O. (Fn. 287), S. 14.

[277] Kania, Thomas, Merten, Sonja, Auswahl und Einstellung von Arbeitnehmern unter Geltung des AGG, ZIP Heft Nr. 1/2007, S. 9.

tersagte. § 611b BGB normierte, dass ein Arbeitsplatz weder öffentlich noch innerhalb des Betriebes nur für Männer oder nur für Frauen ausgeschrieben werden darf. Eine Ausnahme bestand für den Fall, dass ein bestimmtes Geschlecht unverzichtbare Voraussetzung für die Tätigkeit ist[278].

cc) Prävention und Maßnahmen

Gemäß § 12 Abs. 1 AGG ist der Arbeitgeber verpflichtet, „die erforderlichen Maßnahmen zum Schutz vor Benachteiligung wegen eines in § 1 genannten Grundes zu treffen. Dieser Schutz umfasst auch vorbeugende Maßnahmen." Die Vorschrift verpflichtet den Arbeitgeber, Maßnahmen zum Schutz vor Benachteiligung zu treffen, nach Möglichkeit bereits präventiv. Damit werden Regelungen aufgenommen, die zuvor in §§ 2 Abs. 1 und 4 Abs. 1 BeschäftigtenschutzG enthalten gewesen sind. Strukturell neu ist die Verpflichtung daher nicht, insbesondere bleibt es bei dem auch schon in § 2 Beschäftigtenschutzgesetz vorgegebenen Verpflichtungsumfang, einen effektiven Schutz sicherzustellen, der von einer betrieblichen Veranlassung der Benachteiligung abhängig ist; die Schutzpflicht wird ausgelöst, auch wenn die Benachteiligung von betriebsfremden Dritten ausgeht[279]. Was für Maßnahmen des Arbeitgebers „erforderlich" sind, bestimmt sich nach objektiven Maßstäben, nicht nach der subjektiven Einschätzung des Arbeitgebers oder des Arbeitnehmers. Dies kann je nach Art und nach Größe des Betriebes unterschiedlich sein. Jedenfalls geht die Verpflichtung des Arbeitgebers nur so weit, wie er rechtlich und tatsächlich dazu in der Lage ist[280].

dd) Hinweis, Hinwirkung, Schulung

Gemäß § 12 Abs. 2 AGG soll der Arbeitgeber „in geeigneter Art und Weise, insbesondere im Rahmen der beruflichen Aus- und Fortbildung, auf die Unzulässigkeit solcher (der in § 12 Abs. 1 AGG genannten) Benachteiligungen hinweisen und darauf hinwirken,

---

[278] Stuber, Michael, Das Allgemeine Gleichbehandlungsgesetz in der betrieblichen Praxis, a.a.O. (Fn. 175), S. 49.

[279] Schlachter, Monika (Bearb.) in: Erfurter Kommentar zum Arbeitsrecht, a.a.O. (Fn. 25), AGG § 12 Rdnr. 1.

[280] Groß, Christian, Reppelmund, Hildegard, Das Allgemeine Gleichbehandlungsgesetz, a.a.O. (Fn. 204), S. 45.

dass diese unterbleibt. Hat der Arbeitgeber seine Beschäftigten in geeigneter Weise zum Zwecke der Verhinderung von Benachteiligungen geschult, gilt dies als Erfüllung seiner Verpflichtungen nach Absatz 1." Aus § 12 Abs. 2 AGG ergibt sich, dass die Schulung aller Mitarbeiter und Auszubildenden ein wesentlicher Bestandteil der „erforderlichen Maßnahmen" ist. Das Gesetz enthält also eine Pflicht zur Mitarbeiterschulung. Bei der Umsetzung der Mitarbeiterschulung ist insbesondere auf die Auswahl der Referenten große Sorgfalt zu legen. Für das Unternehmen ist ein Referent empfehlenswert, der die Schulung darauf ausrichtet, Mitarbeiter im Umgang mit dem AGG zur Risikominimierung für den Arbeitgeber zu unterrichten[281].

ee) Arbeitsrechtliche Maßnahmen gegen („Verletzer-")Beschäftigte

Gemäß § 12 Abs. 3 AGG hat der Arbeitgeber „die im Einzelfall geeigneten, erforderlichen und angemessenen Maßnahmen zur Unterbindung der Benachteiligung wie Abmahnung, Umsetzung, Versetzung oder Kündigung zu ergreifen", wenn Beschäftigte gegen das Benachteiligungsverbot des § 7 Abs. 1 AGG verstoßen. § 12 Abs. 3 AGG verpflichtet den Arbeitgeber auf Maßnahmen zur Unterbindung von Benachteiligungen. Die gewählten Maßnahmen müssen im Ergebnis dazu geeignet sein, die Benachteiligung zu verhindern; Spielraum hat der Arbeitgeber nur bei der Auswahl zwischen mehreren gleichermaßen geeigneten Gegenmaßnahmen. Welches der in Abs. 3 nicht abschließend aufgeführten Sanktionsinstrumente im konkreten Fall angemessen ist, ist eine Frage der Verhältnismäßigkeit, hängt also von der Schwere des Vorfalls ab, sowie von dem Umstand, ob es sich um eine erstmalige oder wiederholte Verfehlung handelt[282].

ff) Maßnahmen gegen Dritte als „Verletzer"

Nach § 12 Abs. 4 AGG hat der Arbeitgeber die im Einzelfall geeigneten, erforderlichen und angemessenen Maßnahmen zum

---

[281] Möller, Reinhard, Allgemeines Gleichbehandlungsgesetz (AGG) – Praxistipps zur Handhabe, AuA – Personal-Profi (Arbeit und Arbeitsrecht – Personal-Profi [Zeitschrift]) Heft Nr. 7/2006, S. 395.
[282] Schlachter, Monika (Bearb.) in: Erfurter Kommentar zum Arbeitsrecht, a.a.O. (Fn. 25), AGG § 12 Rdnr. 3.

Schutz der Beschäftigten zu ergreifen, wenn Beschäftigte bei der Ausübung ihrer Tätigkeit durch Dritte nach § 7 Abs. 1 AGG benachteiligt werden. Gemäß § 12 Abs. 4 AGG muss der Arbeitgeber gegen betriebsfremde Dritte ebenfalls zugunsten der Benachteiligten einschreiten, obwohl die Schutzpflichten des Arbeitgebers in diesen Fällen von deutlich anderem Umfang sein müssen. Regelbeispiele wie in Abs. 3 nennt der Gesetzgeber in Abs. 4 nicht, doch sind die Reaktionsmöglichkeiten im Verhältnis zu betriebsfremden Dritten deutlich geringer ausgeprägt[283].

gg) Bekanntmachung des AGG

Das AGG muss im Betrieb genauso bekannt gemacht werden, wie § 61b ArbGG sowie Informationen über die für die Behandlung von Beschwerden zuständigen Stellen. Die Bekanntmachung kann durch Aushang oder Auslegung an geeigneter Stelle oder den Einsatz der im Betrieb üblichen Informations- und Kommunikationstechnik (z.B. Intranet) erfolgen[284].

3. Diskriminierungsschutz bei Kündigungen

a) Vorbemerkung

Im AGG findet sich eine Vorschrift, die bislang in der Öffentlichkeit eher wenig Aufmerksamkeit gefunden hat[285]. § 2 Abs. 4 AGG bestimmt wörtlich: „Für Kündigungen gelten ausschließlich die Bestimmungen zum allgemeinen und zum besonderen Kündigungsschutz." Wie das Wort „ausschließlich" deutlich macht, sollen die Diskriminierungsverbote des AGG auf Kündigungen keine Anwendung finden. Wenn also bei einer Massenentlassung (fast) nur Frauen oder (fast) nur Ausländer ein Kündigungsschreiben erhalten, können sie sich nicht auf das Benachteiligungsverbot des § 7 Abs. 1 AGG berufen. Dies verwundert – schließlich sind doch Kündigungen das wohl wichtigste Anwendungsfeld des neuen Geset-

---

[283] Schlachter, Monika (Bearb.) in: Erfurter Kommentar zum Arbeitsrecht, a.a.O. (Fn. 25), AGG § 12 Rdnr. 3.

[284] Vgl. Stuber, Michael, Das Allgemeine Gleichbehandlungsgesetz in der betrieblichen Praxis, a.a.O. (Fn. 175), S. 23.

[285] Vgl. Däubler, Wolfgang, Kein Diskriminierungsschutz bei Kündigungen? – Zugleich eine kleine Einführung ins EG-Recht, in: AiB Heft Nr. 12/2006, S. 738.

zes. Sollen sie wirklich ausgenommen sein[286]?

b) Verstoß von § 2 Abs. 4 AGG gegen die Antidiskriminierungs-richtlinien

§ 2 Abs. 4 AGG verstößt – wörtlich genommen – gegen die Antidiskriminierungsrichtlinien[287]. Die Richtlinien beziehen – ebenso wie § 2 Abs. 1 Nr. 2 AGG - ausdrücklich auch die Beendigung eines Beschäftigungsverhältnisses in den Anwendungsbereich der Benachteiligungsverbote ein[288]. Bliebe der Verstoß gegen das Benachteiligungsverbot sanktionslos, wäre es unvereinbar mit der europarechtlichen Vorgabe, den Benachteiligungsverboten durch abschreckende und wirksame Sanktionen zur Durchsetzung zu verhelfen. § 2 Abs. 4 AGG ist deshalb für die Fälle einer objektiv gerechtfertigten, aber gegen ein Benachteiligungsverbot verstoßenden Kündigung richtlinienkonform auszulegen[289].

aa) Richtlinienkonforme Auslegung von § 2 Abs. 4 AGG

Für eine richtlinienkonforme Auslegung sind grds. zwei Ansätze denkbar: Möglich wäre zunächst, das AGG „uneingeschränkt" anzuwenden. Dies würde bedeuten, dass die Kündigungen nach § 134 BGB i.V.m. § 7 Abs. 1 AGG unwirksam wären. Der Arbeitnehmer könnte ggf. einen Auflösungsantrag nach §§ 9, 10 KSchG stellen. Ferner könnte der durch die Kündigung benachteiligte Arbeitnehmer einen Anspruch auf Schadensersatz nach § 15 Abs. 1 AGG geltend machen. Der Umfang des Schadensersatzes würde sich dabei nach § 249 Abs. 1 BGB bestimmen, d.h. nach dem Grundsatz der Naturalrestitution. Der Arbeitnehmer der durch eine diskriminierende Kündigung seinen Arbeitsplatz verloren hat, könnte vom Arbeitgeber also auch unter schadensersatzrechtlichen Gesichtspunkten die Wiedererlangung des Arbeitsplatzes verlangen. Die objektiv gerechtfertigte Kündigung wäre somit wegen Verstoßes

---

[286] Däubler, Wolfgang, Kein Diskriminierungsschutz bei Kündigungen? – Zugleich eine kleine Einführung ins EG-Recht, a.a.O. (Fn. 298), S. 738.

[287] Däubler, Wolfgang, Kein Diskriminierungsschutz bei Kündigungen? – Zugleich eine kleine Einführung ins EG-Recht, a.a.O. (Fn. 298), S. 740.

[288] EuGH Urt. vom 11.7.2006 – Rs. C-13/05 (Sonia Chacón Navas/Eurest Colectividades SA), NZA Heft Nr. 15/2006, S. 839 ff.

[289] Bauer, Jobst-Hubertus, Göpfert, Burkard, Krieger, Steffen (Hrsg./Bearb.), Allgemeines Gleichbehandlungsgesetz, a.a.O. (Fn. 205), § 2 Rdnr. 63.

gegen das Benachteiligungsverbot unwirksam. Im Ergebnis stünde der Fall einer Kündigung auch wegen eines diskriminierenden Motivs damit dem Fall einer Kündigung nur wegen eines diskriminierenden Motivs gleich[290]. Alternativ könnte das AGG in Fällen einer objektiv gerechtfertigten, aber gegen das Benachteiligungsverbot verstoßenden Kündigung lediglich eingeschränkt angewendet werden. Dies würde bedeuten, dass zwar die Unwirksamkeit der Kündigung über § 134 BGB i.V.m. § 7 Abs. 1 AGG, sowie ein möglicher Anspruch aus § 15 Abs. 1 AGG (Schadensersatz) gesperrt wären. Der Arbeitgeber könnte jedoch einen Entschädigungsanspruch nach § 15 Abs. 2 AGG wegen erlittener immaterieller Schäden geltend machen[291].

bb) Lösung

Der EuGH bejaht in ständiger Rechtsprechung eine sehr weitgehende Verpflichtung zur richtlinienkonformen Auslegung. Danach müssen die Gerichte der Mitgliedstaaten die nationalen Rechtsvorschriften „soweit wie möglich so auslegen, dass sie im Einklang mit den Zielen der Richtlinie angewandt werden können"[292]. Nach zutreffender Auslegung des BAG stößt die richtlinienkonforme Auslegung dort an ihre Grenzen, wo eine „nach Wortlaut, Systematik und Sinn" eindeutige Regelung des deutschen Rechts vorliegt[293]. Nach diesen Grundsätzen wäre mit einer Lösung, die zu einer uneingeschränkten Anwendbarkeit des AGG führt, die Grenze einer richtlinienkonformen Auslegung überschritten. Eine solche Lösung ist mit Wortlaut des § 2 Abs. 4 AGG nicht vereinbar. Darüber hinaus widerspräche sie Sinn und Zweck des § 2 Abs. 4 AGG. Die Frage der Unwirksamkeit der Kündigung und damit zugleich eines materiellen Schadensersatzes soll danach durch die Bestimmungen des allgemeinen und besonderen Kündigungsschutzes abschließend geregelt sein. Die Beendigung des Arbeitsverhältnisses soll sich nach der Auffassung des deutschen Gesetzgebers

---

[290] Vgl. Bauer, Jobst-Hubertus, Göpfert, Burkard, Krieger, Steffen (Hrsg./Bearb.), Allgemeines Gleichbehandlungsgesetz, a.a.O. (Fn. 205), § 2 Rdnr. 64.

[291] Bauer, Jobst-Hubertus, Göpfert, Burkard, Krieger, Steffen (Hrsg./Bearb.), Allgemeines Gleichbehandlungsgesetz, a.a.O. (Fn. 205), § 2 Rdnr. 65.

[292] EuGH Urt. vom 5.10.2004, Rs. C-397/01-C403/01 (Pfeiffer/DRK [Deutsches Rotes Kreuz]), NZA Heft Nr. 20/2004, 1145 ff.

[293] BAG Beschl. vom 18.2.2003, 1 ABR 2/02, NZA Heft 13/2003, 742 ff.

auch nach Einführung des AGG allein nach kündigungsrechtlichen Grundsätzen richten. Eine zusätzliche Erschwerung der Kündigung von Arbeitsplätzen über den ohnehin schon sehr restriktiven deutschen Kündigungsschutz hinaus ist nicht gewollt[294]. § 2 Abs. 4 AGG kann jedoch richtlinienkonform dahingehend ausgelegt werden, dass § 15 Abs. 2 AGG nicht ausgeschlossen ist. Wurde nicht allein aus sozial gerechtfertigten Gründen wirksam gekündigt, sondern hatte der Kündigende daneben auch ein diskriminierendes Motiv, ist durch die Kündigung zwar kein ersatzfähiger materieller Schaden entstanden – die Beendigung des Arbeitsverhältnisses ist nach den kündigungsschutzrechtlichen Regeln wirksam – , aber doch ein immaterieller Schaden. Der Arbeitnehmer wurde persönlich zurückgesetzt. Als Ausgleich sieht das AGG den Entschädigungsanspruch nach § 15 Abs. 2 AGG vor – und zwar unabhängig davon, ob ein materieller Schaden entstanden ist. Der nach § 2 Abs. 4 AGG vorgehende allgemeine und besondere Kündigungsschutz kennt keine Regeln über den Ausgleich eines materiellen Schadens. Nach richtigem Verständnis sperrt § 2 Abs. 4 AGG für Fälle einer objektiv gerechtfertigten, aber diskriminierenden Kündigung deshalb nicht die Anwendung von § 15 Abs. 2 AGG. Der scheinbar eindeutige Wortlaut des § 2 Abs. 4 AGG lässt durchaus Interpretationsspielraum im Sinne dieser Lösung. Für „Diskriminierungen bei Kündigungen" können die Vorschriften des AGG insoweit Anwendung finden, als es um die Sanktionen des diskriminierenden Motivs durch Ersatz des immateriellen Schadens geht – ohne die kündigungsrechtlich wirksame Beendigung des Arbeitsverhältnisses in Frage zu stellen. Systematisch bleibt damit die Frage der Beendigungswirkung im nach Auffassung des Gesetzgebers „sachgerechten" Kündigungsrecht. Darüber hinaus erfüllt die Lösung über § 15 Abs. 2 AGG die Vorgaben der Antidiskriminierungsrichtlinien einer wirksamen und abschreckenden Sanktion für benachteiligendes Verhalten[295].

---

[294] Diller, Martin, Krieger, Steffen, Arnold, Christian, Kündigungsschutz plus Allgemeines Gleichbehandlungsgesetz – Sind Arbeitnehmer in Zukunft doppelt vor Kündigungen geschützt?, in: NZA Heft Nr. 16/2006, S. 890.
[295] Diller, Martin, Krieger, Steffen, Arnold, Christian, Kündigungsschutz plus Allgemeines Gleichbehandlungsgesetz – Sind Arbeitnehmer in Zukunft doppelt vor Kündigungen geschützt?, a.a.O. (Fn. 307), S. 890.

cc) Rechtsfolgen für Kündigungen

Ist die Kündigung unwirksam, sei es weil ausreichende Kündigungsgründe nach § 1 KSchG oder § 826 BGB fehlen oder weil wegen eines allgemeinen Diskriminierungsmotivs die Kündigung schon an §§ 138, 242 BGB scheitert, bleibt es bei der Unwirksamkeit der Kündigung als alleinige Rechtsfolge. Zusätzliche Schadensersatz- oder Entschädigungsansprüche nach dem AGG sind durch § 2 Abs. 4 AGG gesperrt[296]. Ist die Kündigung nach § 1 KSchG oder § 626 BGB gerechtfertigt bzw. liegen ausreichende „Kündigungsgründe" außerhalb des Geltungsbereichs des KSchG vor, ändert ein zusätzliches diskriminierendes Motiv des Arbeitgebers wegen § 2 Abs. 4 AGG nichts an der Wirksamkeit der Kündigung. Allerdings muss die Vorschrift richtlinienkonform dahingehend einschränkend ausgelegt werden, dass sie Ansprüche auf Entschädigung wegen eines immateriellen Schadens nach § 15 Abs. 2 AGG nicht sperrt. Die Kündigung bleibt also wirksam, wegen der verbotenen Benachteiligung kann der Arbeitgeber jedoch unter den Voraussetzungen des § 15 Abs. 2 eine Entschädigung verlangen[297]. In Konsequenz heißt das, Kündigungsschutz und Schutz vor Benachteiligungen gehen jeweils ihren eigenen Gang. Damit ist es insbesondere auch weiterhin nicht erforderlich, dem Betriebsrat im Rahmen einer Anhörung nach § 102 BetrVG Angaben über Vorliegen oder Nichtvorliegen einer verbotenen Benachteiligung zu machen[298].

4. Diskriminierungsschutz im BetrVG

a) Sachlicher Geltungsbereich des BetrVG

Das BetrVG gilt für die betriebsratsfähigen Betriebe und ihnen gleichgestellten Organisationseinheiten privaten Rechts in der ganzen BRD, einschließlich der Betriebe der privatisierten Bundesbahn und Bundespost. § 130 BetrVG schließt die Anwendung auf Verwaltungen und Betriebe des Bundes, der Länder, der Gemeinden und sonstigen Körperschaften, Anstalten und Stiftungen des öffentlichen

---

[296] Bauer, Jobst-Hubertus, Göpfert, Burkard, Krieger, Steffen (Hrsg./Bearb.), Allgemeines Gleichbehandlungsgesetz, a.a.O. (Fn. 205), § 2 Rdnr. 71.

[297] Bauer, Jobst-Hubertus, Göpfert, Burkard, Krieger, Steffen (Hrsg./Bearb.), Allgemeines Gleichbehandlungsgesetz, a.a.O. (Fn. 205), § 2 Rdnr. 72.

[298] Bauer, Jobst-Hubertus, Göpfert, Burkard, Krieger, Steffen (Hrsg./Bearb.), Allgemeines Gleichbehandlungsgesetz, a.a.O. (Fn. 205), § 2 Rdnr. 73.

Rechts ausdrücklich aus; hierfür gelten die Personalvertretungsgesetze des Bundes und der Länder (vgl. Anhang IV zu den Fundstellen der Personalvertretungsgesetze der Länder)[299].

b) Diskriminierungsschutz nach § 75 Abs. 1 BetrVG

Die Vorschrift des § 75 Abs. 1 BetrVG wurde als einzige betriebsverfassungsrechtliche Vorschrift im Zusammenhang mit dem Inkrafttreten des AGG geändert. In Abs. 1 wurde die Aufzählung der unzulässigen Differenzierungsmerkmale an die Terminologie des AGG angepasst. Die Regelung in § 75 Abs. 1 S. 2 BetrVG konnte wegen der nunmehrigen Verpflichtung, jede Benachteiligung wegen des Alters zu unterlassen, ersatzlos gestrichen werden[300]. Der Gesetzgeber hat in der Begründung klargestellt, dass der Begriff der Benachteiligung und die Zulässigkeit einer unterschiedlichen Behandlung sich nach den Bestimmungen des AGG richten[301]. Damit greifen vor allem die Rechtfertigungsgründe der §§ 8-10 AGG[302]. Dies hat zur Auswirkung, dass die Diskriminierungsmerkmale des AGG und das dort verankerte allgemeine Benachteiligungsverbot nunmehr über § 75 BetrVG auch in der Betriebsverfassung gelten[303]. Gemäß § 75 Abs. 1 BetrVG haben Arbeitgeber und Betriebsrat „darüber zu wachen, dass alle im Betrieb tätigen Personen nach den Grundsätzen von Recht und Billigkeit behandelt werden, insbesondere, dass jede Benachteiligung von Personen aus Gründen der Rasse oder wegen ihrer ethnischen Herkunft, ihrer Abstammung oder sonstigen Herkunft, ihrer Nationalität, ihrer Religion oder Weltanschauung, ihrer Behinderung, ihres Alters, ihrer politischen oder gewerkschaftlichen Betätigung oder Einstellung oder wegen ihres Geschlechts oder ihrer sexuellen Identität unterbleibt". Mit dieser

---

[299] Vgl. Halberstadt, Gerhard (Bearb.), Betrieb, Unternehmen, Konzern, in: Glaubrecht, Helmut, Halberstadt, Gerhard, Zander, Ernst (Hrsg.), Betriebsverfassung in Recht und Praxis, Loseblatt-Sammlung, Freiburg im Breisgau, Stand des Gesamtwerkes: EL 6/06 – Dezember 2006, Gruppe 1, S. 217, Stand der zitierten Textstelle: EL 4/04 – August 2004.

[300] Besgen, Nicolai, Die Auswirkungen des AGG auf das Betriebsverfassungsrecht, BB Heft Nr. 4/2007, S. 218.

[301] BT-Drucks. 16/1780, S. 56.

[302] Besgen, Nicolai, Die Auswirkungen des AGG auf das Betriebsverfassungsrecht, a.a.O. (Fn. 313), S. 218.

[303] Vgl. Besgen, Nicolai, Die Auswirkungen des AGG auf das Betriebsverfassungsrecht, a.a.O. (Fn. 313), S. 218.

Vorschrift werden elementare Grundsätze für die Behandlung der Betriebsangehörigen durch Arbeitgeber und Betriebsrat normiert. Sie setzt nicht nur dem Direktionsrecht des Arbeitgebers Schranken, sondern stellt auch eine verbindliche Grundlage für die Regelungskompetenz der Betriebsparteien und die Ausübung der Mitbestimmung dar. Aus der Arbeitgeber und Betriebsrat obliegenden Überwachungspflicht ergibt sich, dass beide für die Einhaltung der Grundsätze von Recht und Billigkeit im Betrieb Sorge zu tragen haben. Sie müssen die Einhaltung dieser Grundsätze beobachten und überprüfen[304]. Bei § 75 Abs. 1 BetrVG handelt es sich um absolute Differenzierungsverbote, die in abgeänderter den Grundrechten des Art. 3 Abs. 3 GG entsprechen. Die Aufzählung ist jedoch nicht abschließend, was sich aus dem Wort „insbesondere" ergibt. Deshalb ist jede sachlich nicht gerechtfertigte, willkürliche Ungleichbehandlung der Arbeitnehmer verboten[305].

c) Diskriminierungsschutz nach § 80 Abs. 1 BetrVG

> Gemäß § 80 Abs. 1 Nr. 2a BetrVG hat der Betriebsrat „die Durchsetzung der tatsächlichen Gleichstellung von Frauen und Männern, insbesondere bei der Einstellung, Beschäftigung, Aus-, Fort- und Weiterbildung und dem beruflichen Aufstieg, zu fördern". Diese Vorschrift macht es dem Betriebsrat zur allgemeinen Aufgabe, die tatsächliche Durchsetzung der Gleichstellung von Frauen und Männern zu fördern. Damit wird dem aus Art. 3 Abs. 2 S. 2 GG erwachsenden Handlungsauftrag des Staates, die tatsächliche Gleichberechtigung zu fördern, auf betriebsverfassungsrechtlicher Ebene Rechnung getragen, indem es – insoweit über das allgemeine Verbot der Diskriminierung von Arbeitnehmern wegen ihres Geschlechts gemäß § 75 BetrVG hinaus – dem Betriebsrat zur selbstständigen Aufgabe gemacht wird, das Ziel der

---

[304] Hunold, Wolf (Bearb.), Gleichbehandlungsgebote und Diskriminierungsverbote im Betrieb – Handlungsmöglichkeiten des Betriebsrats, in: Glaubrecht, Helmut, Halberstadt, Gerhard, Zander, Ernst (Hrsg.), Betriebsverfassung in Recht und Praxis, Loseblatt-Sammlung, Freiburg im Breisgau, Stand des Gesamtwerkes: EL 06/06 – Dezember 2006, Gruppe 8, S. 156, Stand der zitierten Textstelle: EL 04/06 – August 2006.

[305] Hunold, Wolf (Bearb.), Gleichbehandlungsgebote und Diskriminierungsverbote im Betrieb – Handlungsmöglichkeiten des Betriebsrats, in: Betriebsverfassung in Recht und Praxis, a.a.O. (Fn. 317), Gruppe 8, S. 157, Stand der zitierten Textstelle: EL 04/06 – August 2006.

Gleichberechtigung durch entsprechendes Tätigwerden zu fördern[306].

➤ Nach § 80 Abs. 1 Nr. 4 BetrVG hat der Betriebsrat „die Eingliederung Schwerbehinderter und sonstige besonders schutzbedürftige Personen zu fördern". Der Betriebsrat hat hier – ebenso wie nach der Parallelvorschrift des § 93 SGB IX – auf die Einhaltung der Vorschriften über die Besetzung eines bestimmten Anteils von Schwerbehinderten (§§ 71 ff. SGB IX) sowie auf die Umsetzung der beruflichen Förderung und Beschäftigungspflicht des Arbeitgebers (§ 81 SGB IX) hinzuwirken. So soll der Betriebsrat auf Arbeitsplätze aufmerksam machen, die für Schwerbehinderte geeignet sind oder geeignet gemacht werden können und bei der Zuweisung eines Schwerbehinderten an einen solchen Arbeitsplatz mitwirken[307]. Sonstige besonders schutzbedürftige Personen i.S. des § 80 Abs. 1 Nr. 4 BetrVG sind u.a. körperlich, geistig oder seelisch Behinderte, die nicht in den Anwendungsbereich des § 2 SGB IX fallen bzw. nicht als schwerbehinderte Menschen nach § 69 I SGB IX formell anerkannt sind[308].

➤ § 80 Abs. 1 Nr. 6 BetrVG bestimmt, dass der Betriebsrat die Aufgabe hat, „die Beschäftigung älterer Arbeitnehmer im Betrieb zu fördern". So hat der Betriebsrat im Rahmen seiner Möglichkeiten dafür zu sorgen, dass auch ältere Arbeitnehmer auf die für sie geeigneten Arbeitsplätze eingestellt oder ihre Fähigkeiten den veränderten beruflichen und technischen Verhältnissen angepasst werden[309].

➤ Gemäß § 80 Abs. 1 Nr. 7 BetrVG hat der Betriebsrat die Aufgabe „die Integration ausländischer Arbeitnehmer im Betrieb und das Verständnis zwischen ihnen und den deutschen Arbeitnehmern zu fördern sowie Maßnahmen zur Bekämpfung von Rassismus und Fremdenfeindlichkeit im Betrieb zu beantragen". Neben der Förderung der Integration ausländischer Arbeitnehmer zielt § 80

---

[306] Vgl. Preis, Ulrich (Bearb.), in: Wlotzke, Otfried, Preis, Ulrich (Hrsg.), Betriebsverfassungsgesetz, Kommentar, 3. Aufl., München 2006, § 80 Rdnr. 12.

[307] Preis, Ulrich (Bearb.), in: Betriebsverfassungsgesetz, a.a.O. (Fn. 319), § 80 Rdnr. 16.

[308] Vgl. Preis, Ulrich (Bearb.), in: Betriebsverfassungsgesetz, a.a.O. (Fn. 319), § 80 Rdnr. 17.

[309] Vgl. Preis, Ulrich (Bearb.), in: Betriebsverfassungsgesetz, a.a.O. (Fn. 319), § 80 Rdnr. 19.

Abs. 1 Nr. 7 BetrVG vor allem auf die Verwirklichung des in § 75 Abs. 1 S. 1 BetrVG enthaltenen Gleichbehandlungsgebots ab[310].

d) Diskriminierungsschutz nach § 104 S. 1 BetrVG

Gemäß § 104 S. 1 BetrVG kann der Betriebsrat vom Arbeitgeber die Entlassung oder Versetzung eines Arbeitnehmers verlangen, wenn der Arbeitnehmer „durch grobe Verletzung der in § 75 Abs. 1 (BetrVG) enthaltenen Grundsätze, insbesondere durch rassistische oder fremdenfeindliche Betätigungen", den Betriebsfrieden wiederholt ernstlich gestört hat. Die Verletzung muss „grob", d.h. besonders schwer sein. Der Arbeitnehmer muss gegen diese Grundsätze verstoßen, andere Arbeitnehmer in besonders auffälliger Weise diskriminiert haben, obwohl er sich über die Fehlerhaftigkeit seines Verhaltens ohne weiteres hätte im Klaren sein können[311]. Als ein besonders grober Fall der Verletzung der Grundsätze des § 75 Abs. 1 BetrVG werden ausdrücklich rassistische oder fremdenfeindliche Belästigungen hervorgehoben[312].

5. Diskriminierungsschutz nach § 27 SprAuG

Das Sprecherausschußgesetz gilt grds. nur für leitende Angestellte in der Privatwirtschaft (vgl. § 1 SprAuG). Gemäß § 27 Abs. 1 SprAuG haben Arbeitgeber und Sprecherausschuss darüber zu wachen, „dass alle leitenden Angestellten des Betriebes nach den Grundsätzen von Recht und Billigkeit behandelt werden, insbesondere, dass jede Benachteiligung von Personen aus Gründen ihrer Rasse oder wegen ihrer ethnischen Herkunft, ihrer Nationalität, ihrer Religion oder Weltanschauung, ihrer Behinderung, ihres Alters, ihrer politischen oder gewerkschaftlichen Betätigung oder Einstellung oder wegen ihres Geschlechts oder ihrer sexuellen Identität unterbleibt". § 27 SprAuG gilt nur in Betrieben oder Unternehmen, in denen ein Sprecherausschuss gebildet worden ist[313]. Die Regelung

---

[310] Preis, Ulrich (Bearb.), in: Betriebsverfassungsgesetz, a.a.O. (Fn. 319), § 80 Rdnr. 20.

[311] Engels, Gerd, Schmidt, Ingrid, Trebinger, Yvonne, Betriebsverfassungsgesetz, Handkommentar, 23. neubearbeitete Aufl., München 2006, § 104 Rdnr. 5.

[312] Engels, Gerd, Schmidt, Ingrid, Trebinger, Yvonne, Betriebsverfassungsgesetz, a.a.O. (Fn. 324), § 104 Rdnr. 6.

[313] Löwisch, Manfred, Kommentar zum Sprecherausschußgesetz, 2., neubear-

des § 27 Abs. 1 SprAuG entspricht inhaltlich der Regelung des § 75 Abs. 1 BetrVG.

6. Diskriminierungsschutz nach § 68 BPersVG

a) Sachlicher Geltungsbereich des BPersVG

Das BPersVG gilt für den Bund, die bundesunmittelbaren Körperschaften, Anstalten und Stiftungen des öffentlichen Rechts, die Bundesgerichte und die Betriebsverwaltungen des Bundes (vgl. § 1 BPersVG)[314].

b) Diskriminierungsschutz nach § 67 Abs. 1 S. 1 BPersVG

Gemäß § 67 Abs. 1 S. 1 BPersVG haben die Dienststelle und Personalvertretung darüber zu wachen, „dass alle Angehörigen der Dienststelle nach Recht und Billigkeit behandelt werden, insbesondere, dass jede Benachteiligung von Personen aus Gründen ihrer Rasse oder wegen ihrer ethnischen Herkunft, ihrer Abstammung oder sonstigen Herkunft, ihrer Nationalität, ihrer Religion oder Weltanschauung, ihrer Behinderung, ihres Alters, ihrer politischen oder gewerkschaftlichen Betätigung oder Einstellung oder wegen ihres Geschlechts oder ihrer sexuellen Identität unterbleibt". Diese Vorschrift entspricht inhaltlich der Vorschrift des § 75 Abs. 1 BetrVG.

c) Diskriminierungsschutz gemäß § 68 BPersVG

Die § 68 BPersVG entsprechende Vorschrift des BetrVG ist § 80 BetrVG[315].

➢ Gemäß § 68 Abs. 1 Nr. 4 BetrVG hat die Personalvertretung die

---

beitete Aufl., Heidelberg 1994, § 27 Rdnr. 3.

314 Vgl. Bauschke, Hans-Joachim, Weber, Achim, Personalrecht A-Z, Handbuch für den Öffentlichen Dienst, Loseblatt-Sammlung, München, Stand des Gesamtwerkes: 54. EL, Dezember 2006, Personalvertretungsrecht, Rdnr. 4, Stand der zitierten Textstelle: 52. EL – August 2006.

315 Lorenzen, Uwe (Bearb.), in: Lorenzen, Uwe, Eckstein, Karlfriedrich (Begr.), Lorenzen, Uwe, Etzel, Gerhard, Gerhold, Diethelm (Hrsg.), Bundespersonalvertretungsgesetz, Kommentar, Band 2, Loseblatt-Sammlung, Heidelberg, Stand des Gesamtwerkes: 139. EL – September 2006, Teil 2, § 68 Rdnr. 5, Stand der zitierten Textstelle: 119. EL August 2003.

Eingliederung und berufliche Entwicklung Schwerbehinderter und sonstiger schutzbedürftiger, insbesondere älterer Personen zu fördern. Die vorgenannte Vorschrift entspricht inhaltlich den Vorschriften des § 80 Abs. 1 Nrn. 4, 6 BetrVG.

➤ Gemäß § 68 Abs. 1 Nr. 5 BPersVG hat die Pertsonalvertretung Maßnahmen zur beruflichen Förderung Schwerbehinderter zu beantragen. Diese Vorschrift ist erst im Laufe des Gesetzgebungsverfahrens eingefügt worden[316]. Sie hat keine direkte Entsprechung im BetrVG. Im Entwurf der Bundesregierung zu einem PersVG vom 24.5.1972[317] war in § 68 Abs. 1 Nr. 4 lediglich die Eingliederung Schwerbehinderter aufgeführt. Der Bundesrat hatte dazu die Einführung einer Nr. 4a verlangt, die der geltenden Nr. 5 textgleich ist, weil „ein Bedürfnis bestehe, die Schwerbeschädigten über die bloße Eingliederung hinaus ... zu fördern". Wegen der sozialpolitischen Bedeutung sei es wünschenswert, diese Aufgabe im Gesetz ausdrücklich aufzuführen[318]. Eine eigenständige Bedeutung hat § 68 Abs. 1 Nr. 5 BPersVG nicht. Es kann daher auf die Erläuterungen zu § 68 Abs. 1 Nr. 4 BPersVG verwiesen werden[319].

➤ Gemäß § 68 Abs. 1 Nr. 5a BPersVG hat die Personalvertretung „die Durchsetzung der tatsächlichen Gleichberechtigung von Frauen und Männern insbesondere bei der Einstellung, Beschäftigung, Aus-, Fort- und Weiterbildung und dem beruflichen Aufstieg zu fördern". Diese Vorschrift entspricht inhaltlich der Vorschrift des § 80 Abs. 1 Nr. 2a BetrVG.

➤ Gemäß § 68 Abs. 1 Nr. 6 BPersVG hat die Personalvertretung „die Eingliederung ausländischer Beschäftigter in die Dienststelle und das Verständnis zwischen ihnen und den deutschen Beschäftigten zu fördern". Die der Personalvertretung obliegende Förderung des Verständnisses zwischen den einheimischen und den ausländischen Beschäftigten bezieht sich sowohl auf die Überwindung des Nachteils in der sprachlichen Verständigung, wie

---

[316] Lorenzen, Uwe (Bearb.), in: Bundespersonalvertretungsgesetz, a.a.O. (Fn. 328), Teil 2, § 68 Rdnr. 36, Stand der zitierten Textstelle: 123. EL April 2004.

[317] BR-Drucks. 306/72 .

[318] BR-Drucks. 306/72 – Beschluss – .

[319] Vgl. Lorenzen, Uwe (Bearb.), in: Bundespersonalvertretungsgesetz, a.a.O. (Fn. 328), Teil 2, § 68 Rdnr. 36, Stand der zitierten Textstelle: 123. EL April 2004.

vor allem auf die Aufklärung über nationalitäts- und herkunfts-
bedingte Denk- und Lebensgewohnheiten[320].

---

[320] Ilbertz, Wilhelm, Widmaier, Ulrich, Bundespersonalvertretungsgesetz mit
Wahlordnung unter Einbeziehung der Landespersonalvertretungsgesetze,
Kommentar, Zehnte, völlig neu bearbeitete Aufl., Stuttgart 2004, § 68 Rdnr.
30.

C. Zusammenfassung

Die vorliegende Untersuchung verdeutlicht, dass das Diskriminierungsverbot im Arbeitsrecht in einer Vielzahl von Rechtsquellen unterschiedlicher Rangordnung (Völkerrecht, Europarecht, Verfassungsrecht und Bundesrecht) geregelt ist. Innerhalb des (deutschen) Bundesrechts ist das Diskriminierungsverbot im Arbeitsrecht vor allem im AGG geregelt. Neben den Regelungen im AGG gibt es jedoch auch andere bundesgesetzliche Regelungen (vgl. z.B. §§ 75, 80, 104 BetrVG). Das AGG führt zu einer Verschärfung und Amerikanisierung des bisher geltenden Antidiskriminierungsrechts und begründet viele neuen Pflichten der Arbeitgeber.

Anhang

Anhang I (Normenpyramide)

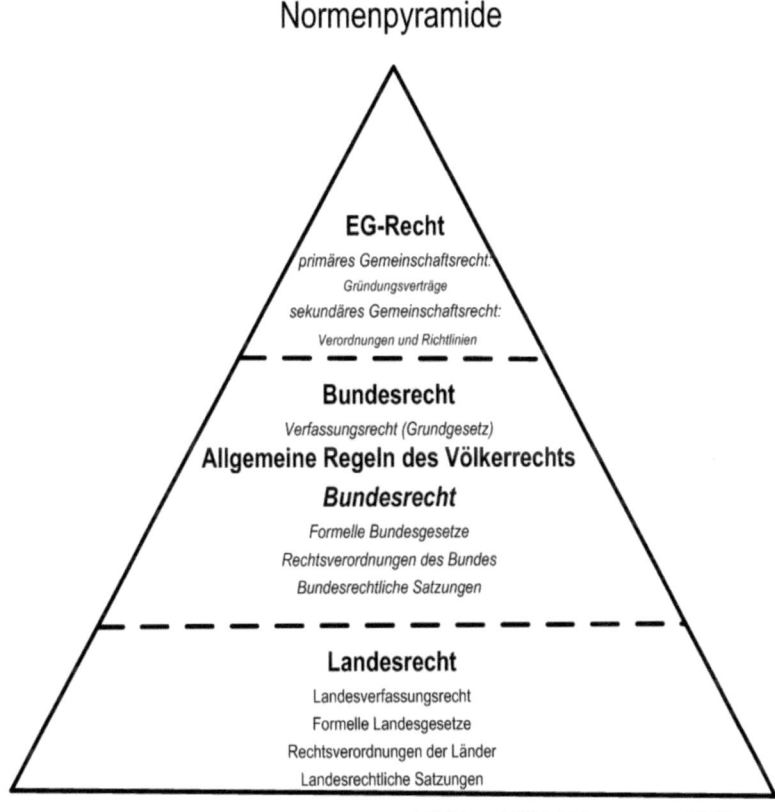

Abbildung (Abb.) 1: Normenpyramide[321]

---

[321] In Anlehnung an Detterbeck, Steffen (Bearb.), in: Ergänzbares Lexikon des Rechts, a.a.O. (Fn. 12), Rechtsquellen, S. 4, Stand der zitierten Textstelle: 124. EL – April 2005; Maurer, Hartmut, Allgemeines Verwaltungsrecht, a.a.O. (Fn. 14), § 4 Rdnr. 7.

Anhang II (Prüfungsaufbau für Ansprüche der Arbeitnehmer nach dem AGG)

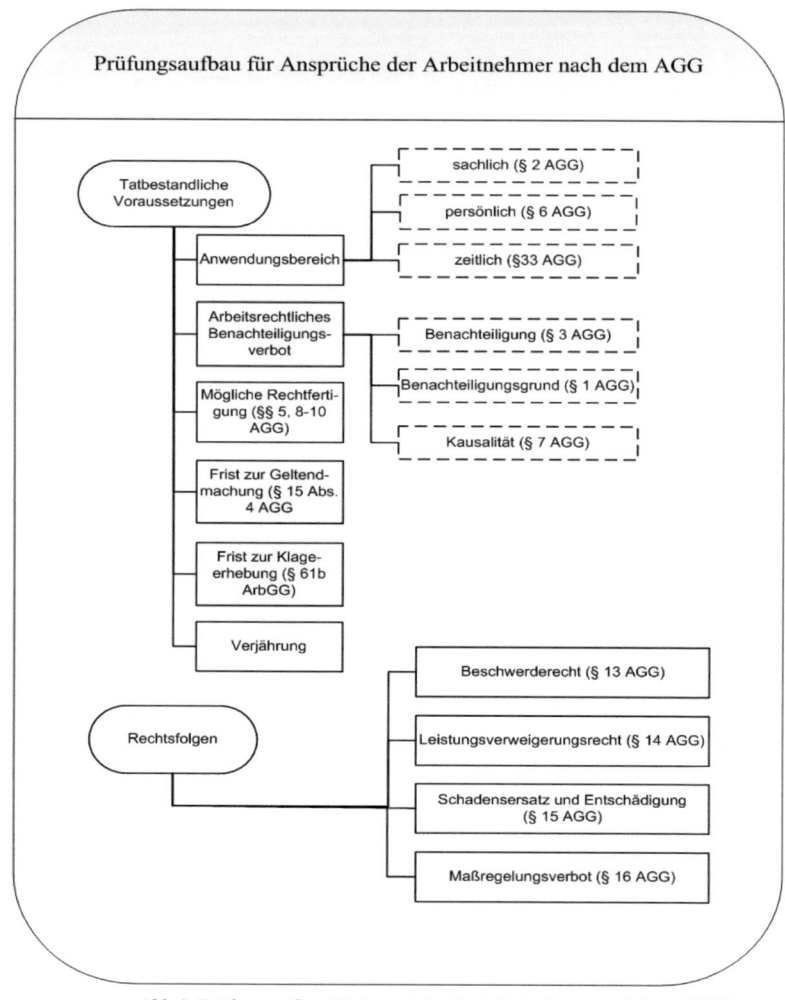

Abb. 2: Prüfungsaufbau für Ansprüche der Arbeitnehmer nach dem AGG[322]

---

[322] In Anlehnung an Bauer, Jobst-Hubertus, Göpfert, Burkard, Krieger, Steffen (Hrsg./Bearb.), Allgemeines Gleichbehandlungsgesetz, a.a.O. (Fn. 205), Einl. Rdnr. 11 f.

Anhang III (Übersicht der Pflichten der Arbeitgeber nach dem AGG)

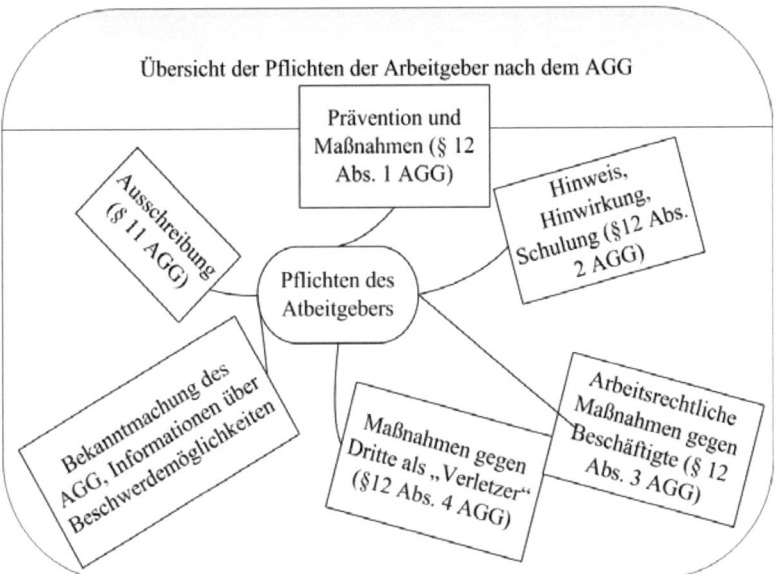

Abb. 3: Übersicht der Pflichten der Arbeitgeber nach dem AGG[323]

---

[323] In Anlehnung an Bauschke, Hans-Joachim, Weber, Achim, Personalrecht A-Z, a.a.O. (Fn. 327), Gleichbehandlung, Rdnr. 70, Stand der zitierten Textstelle: 54. EL, Dezember 2006.

Anhang IV (Fundstellen der Personalvertretungsgesetze der Länder)

Fundstellen der Personalvertretungsgesetze der Länder			
Dienstherr	Titel des Gesetzes	Fundstelle	Letzte Änderungen mit Fundstellen
Land Baden-Würtemberg	Personalvertretungsgesetz für das Land Baden-Würtemberg i.d.F. vom 1.2.1996	GBl. (Gesetzblatt) 1996 S. 205	Gesetz vom 11.10.2005 (GBl. 2005 S. 658)
Freistaat Bayern	Bayerisches Personalvertretungsgesetz i.d.F. der Bek. vom 11.11.1986	GVBl. (Gesetz- und Verordnungsblatt) 1986 S. 349	Gesetz vom 23.5.2006 (GVBl. 2006 S. 303)
Land Berlin	Personalvertretungsgesetz i.d.F. vom 14.7.1994	GVBl. 1994 S. 338, ber. 1995, S. 24	Gesetz vom 11.7.2006 (GVBl. 2006 S. 812)
Land Brandenburg	Personalvertretungsgesetz für das Land Brandenburg vom 15.9.1993	GVBl. 1993 I S. 358	Gesetz vom 22.3.2004 (GVBl. 2004 I S. 59)
Freie Hansestadt Bremen	Bremisches Personalvertretungsgesetz vom 5.3.1974	BremGBl. (Bremisches Gesetzblatt) 1974 S. 131	Gesetz vom 18.7.2006 (BremGBl. 2006 S. 353)
Freie und Hansestadt Hamburg	Hamburgisches Personalvertretungsgesetz i.d.F. vom 16.1.1979	HmbGVBl. (Hamburgisches Gesetz- und Verordnungsblatt) 1979 S. 17	Gesetz vom 6.7.2006 (HmbGVBl. 2006 S. 419)
Land Hessen	Hessisches Personalvertretungsgesetz vom 24.3.1988	GVBl. 1988 I S. 103	Gesetz vom 21.7.2006 (GVBl. 2006 I S. 394)

Dienstherr	Titel des Gesetzes	Fundstelle	Letzte Änderungen mit Fundstellen
Land Mecklenburg-Vorpommern	Personalvertretungsgesetz für das Land Mecklenburg-Vorpommern vom 24.2.1993	GVOBl. M-V (Gesetz- und Verordnungsblatt für das Land Mecklenburg-Vorpommern) 1993 S. 125, ber. 176, 300; 1994 S. 838	Gesetz vom 11.7.2005 (GVOBl. M-V 2005 S. 326, 331)
Land Niedersachsen	Niedersächsisches Personalvertretungsgesetz i.d.F. vom 22.1.1998	NdsGVBl. (Niedersächsisches Gesetz- und Verordnungsblatt) 1998, S. 19, 581	Gesetz vom 7.12.2006 (NdsGVBl. S. 571)
Land Nordrhein-Westfalen	Personalvertretungsgesetz für das Land Nordrhein-Westfalen vom 3.12.1974	GV.NW (Gesetz- und Verordnungsblatt für das Land Nordrhein-Westfalen) 1974, S. 1514	Gesetz vom 31.10.2006 (GV.NW 2006 S. 474)
Land Rheinland-Pfalz	Personalvertretungsgesetz für Rheinland-Pfalz i.d.F. vom 24.11.2000	GVBl. 2000, S. 530	Gesetz vom 15.10.2004 (GVBl. 2004 S. 457)
Saarland	Saarländisches Personalvertretungsgesetz i.d.F. der Bek. vom vom 2.3.1989	ABl. 1989 S. 413	Gesetz vom 19.9.2006 (ABl. 2006 S. 1964)
Freistaat Sachsen	Sächsisches Personalvertretungsgesetz i.d.F. vom 25.6.1999	SächsGVBl. (Sächsisches Gesetz- und Verordnungsblatt) 1999 S. 430	Gesetz vom 22.4.2005 (SächsGVBl. 2005 S. 121)

Dienstherr	Titel des Gesetzes	Fundstelle	Letzte Änderungen mit Fundstellen
Land Sachsen-Anhalt	Landespersonalvertretungsgesetz Sachsen-Anhalt Neubekanntmachung vom 16.3.2004	GVBl. 2004 S. 205	Gesetz vom 21.3.2006 (GVBl. 2006 S. 102)
Land Schleswig-Holstein	Mitbestimmungsgesetz Schleswig-Holstein i.d.F. vom 11.12.1990	GVBlSchH. (Gesetz- und Verordnungsblatt für das Land Schleswig-Holstein) 1990 S. 577	Gesetz vom 28.3.2006 (GVBlSchlH. 2006 S. 28)
Land Thüringen	Thüringer Personalvertretungsgesetz i.d.F. der Bek. vom 14.9.2001	GVBl. 2001 S. 225	Gesetz vom 16.12.2005 (GVBl. 2005 S. 408)

Tab. (Tabelle) 1: Fundstellen der Personalvertretungsgesetze der Länder[324]

---

[324] In Anlehnung an Bieler, Frank, Bieler, Benjamin, Das gesamte öffentliche Dienstrecht für Beamte, Angestellte und Arbeiter bei Bund, Ländern und Kommunen, Ergänzbares Handbuch für Personalverwaltung und Personalvertretungspraxis, 2., neugestaltete Auflage, Loseblatt-Sammlung, Berlin, Stand des Gesamtwerkes: EL 02/06 – Dezember 2006, Ordnungsnummer 990, S. 1 f., Stand der zitierten Textstelle: EL 02/06 – Dezember 2006.

Literaturverzeichnis

A

Abtshagen, Joachim, Achterberg, Raphael, Ackermann, Karl-Ernst (Bearb.), Diskriminierung, in: Zwahr, Annette (Redaktionelle Leitung), Brockhaus Enzyklopädie in 30 Bänden, 21. völlig neu bearbeitete Aufl., Band 7, DIEU-EMAR, Leipzig, Mannheim 2006

Alber, Siegbert, Widmaier, Ulrich, Mögliche Konfliktbereiche und Divergenzen im europäischen Grundrechtsschutz – Die Ausübungs- und Einschränkungsregeln für die Grundrechte der Europäischen Union (Art. II-112 EV), in: EuGRZ Heft Nr. 5-8/2006, S. 113-123

Annuß, Georg, Das Allgemeine Gleichbehandlungsgesetz im Arbeitsrecht, in: BB, Heft Nr. 30/2006, S. 1629-1636

B

Bauer, Jobst-Hubertus, Evers, Malte, Schadensersatz und Entschädigung bei Diskriminierung – Ein Fass ohne Boden?, in: NZA, Heft Nr. 16/2006, S. 893-898

Bauer, Jobst-Hubertus, Göpfert, Burkard, Krieger, Steffen (Hrsg./Bearb.), Allgemeines Gleichbehandlungsgesetz, Kommentar, München 2007

Bauer, Jobst-Hubertus, Thüsing, Gregor, Schunder, Achim, Das Allgemeine Gleichbehandlungsgesetz –Alter Wein in neuen Schläuchen?, in: NZA 2006, S. 774-778

Bauschke, Hans-Joachim, Weber, Achim, Personalrecht A-Z, Handbuch für den Öffentlichen Dienst, Loseblatt-Sammlung, München, Stand des Gesamtwerkes: 54. EL, Dezember 2006

Bell, Mark, Die Bekämpfung von Diskriminierung mit Kollektivbeschwerden nach der Europäischen Sozialcharta, in: Europäische Zeitschrift zum Antidiskriminierungsrecht, Ausgabe Nr. 3/2006, S. 13-20

Besgen, Nicolai, Die Auswirkungen des AGG auf das Betriebsverfassungsrecht,

Bieler, Frank, Bieler, Benjamin, Das gesamte öffentliche Dienstrecht für Beamte, Angestellte und Arbeiter bei Bund, Ländern und Kommunen, Ergänzbares Handbuch für Personalverwaltung und Personalvertretungspraxis, Loseblatt-Sammlung, 2., neugestaltete Auflage, Berlin 1972, Stand des Gesamtwerkes: EL 02/06 – Dezember 2006

Bogdandy, von, Armin (Bearb.), in: Grabitz, Eberhard (Begr.), Hilf, Meinhard (Hrsg.), Das Recht der Europäischen Union, Band 1, EUV/EGV, Loseblatt-Sammlung, München, Stand des Gesamtwerkes: 30. EL – Juni 2006

Böhmert, Sabine (Bearb.), Das Recht der ILO und sein Einfluß auf das deutsche Arbeitsrecht im Zeichen der europäischen Integration, in: Birk, Rolf, Sadowski, Dieter (Hrsg.), Studien zum ausländischen, vergleichenden und internationalen Arbeitsrecht, Institut für Arbeitsrecht und Arbeitsbeziehungen in der Europäischen Gemeinschaft, Trier, Band 15, Baden-Baden 2002

Bouchouaf, Ssoufian, Richter, Tobias, Reichweite und Grenzen des Art. 13 EGV – unmittelbar anwendbares Diskriminierungsverbot oder lediglich Kompetenznorm?, in: Jura, Heft Nr. 9/2006, S. 651-655

D

Däubler, Wolfgang, AGG: Neue Aufgaben für Betriebsräte – Keine Benachteiligung bei der Einstellung, in: AiB, Heft Nr. 10/2006, S. 614-617

Däubler, Wolfgang, Kein Diskriminierungsschutz bei Kündigungen? – Zugleich eine kleine Einführung ins EG-Recht, in: AiB, Heft Nr. 12/2006, S. 738-741

Detterbeck, Steffen (Bearb.), in: Seewald, Otfried (Hrsg.), Ergänzbares Lexikon des Rechts, Ordner 5, Gruppe 9, Verwaltungsrecht, Loseblatt-Sammlung, München, Stand des Gesamtwerkes: 129. EL – September 2006, Rechtsquellen, S. 1-8

Dieterich, Thomas (Bearb.), in: Dieterich, Thomas, Hanau, Peter, Schaub, Günter (Begr.), Dieterich, Thomas, Müller-Glöge, Rudi, Preis, Ulrich (Hrsg.), Erfurter Kommentar zum Arbeitsrecht, Beck'sche Kurz-Kommentare, Band 51, 7. neu bearbeitete Aufl., München 2007

Diller, Martin, Krieger, Steffen, Arnold, Christian, Kündigungsschutz plus Allgemeines Gleichbehandlungsgesetz – Sind Arbeitnehmer in Zukunft doppelt vor Kündigungen geschützt?, in: NZA Heft Nr. 16/2006, S. 887-892

E

Eckert, Michael, Das Allgemeine Gleichbehandlungsgesetz in der Praxis, in: DStR, Heft Nr. 44/2006, S. 1987-1992

Ehlers, Dirk (Bearb.), in: Ehlers, Dirk (Hrsg.), Europäische Grundrechte und Grundfreiheiten, Berlin 2003

Engels, Gerd, Schmidt, Ingrid, Trebinger, Yvonne, Betriebsverfassungsgesetz, Handkommentar, 23. neubearbeitete Aufl., München 2006

F

Fuchs, Maximilian (Bearb.), in: Bamberger, Heinz Georg, Roth, Herbert (Hrsg.), Beck'scher Online-Kommentar BGB, München, Stand des Gesamtwerkes: 01.11.2006, Internet: http://www.rsw.beck.de/bib/bin/show.asp?vpath=%2Fbibdata%2Fkom..., Datum Zugriff und Ausdruck: 8.1.2007

G

Göpfert, Burkard, Siegrist, Carolin, Diskriminierungsverdacht: Über den richtigen Umgang mit arbeitsrechtlichen Diskriminierungsfällen, in: ZIP, Heft Nr. 37/2006, S. 1710-1717

Grabenwarter, Christoph, Europäische Menschenrechtskonvention, Ein Studienbuch, 2. Aufl., München 2005

Griebeling, Stefan (Bearb.), in: Stahlhacke, Eugen (Begr.), Leinemann, Wolfgang (Hrsg.), HzA, Loseblatt-Sammlung, Neuwied, Stand des Gesamtwerkes: 296. EL – Oktober 2006

Grobys, Marcel, Die Beweislast im Anti-Diskriminierungsprozess, in: NZA, Heft Nr. 16/2006, S. 898-904

Groß, Christian, Reppelmund, Hildegard, Das Allgemeine Gleichbehandlungsgesetz, Leitfaden für die unternehmerische Praxis, Berlin, 2006

Grüneberg, Christian (Bearb.), in: Palandt, Otto (Begr.), Bassenge, Peter, Brudermüller, Gerd, Diederichsen, Uwe (Hrsg.), Bürgerliches Gesetzbuch, Beck'sche Kurzkommentare, Band 7, 66. neubearbeitete Aufl., München 2007

Guntz, Dieter (Bearb.), Arbeitsrecht, in: Creifelds, Carl (Begr.), Weber, Klaus (Hrsg.), Rechtswörterbuch, 18., neu bearbeitete Aufl., München 2004

H

Halberstadt, Gerhard (Bearb.), Betrieb, Unternehmen, Konzern, in: Glaubrecht, Helmut, Halberstadt, Gerhard, Zander, Ernst (Hrsg.), Betriebsverfassung in Recht und Praxis, Loseblatt-Sammlung, Freiburg im Breisgau, Stand des Gesamtwerkes: EL 6/06 – Dezember 2006

Heinrichs, Helmut (Bearb.), in: Palandt, Otto (Begr.), Bassenge, Peter, Brudermüller, Gerd, Diederichsen, Uwe (Hrsg.), Bürgerliches Gesetzbuch, Beck'sche Kurzkommentare, Band 7, 66. neubearbeitete Aufl., München 2007

Hergenröder, Carmen Silvia (Bearb.), in: Henssler, Martin, Willemsen, Heinz Josef, Kalb, Hanz-Jürgen (Hrsg.), Arbeitsrecht, Kommentar, 2. Aufl., Köln 2006

Hölscheidt, Sven (Bearb.), in: Meyer, Jürgen (Hrsg.), Charta der Grundrechte der Europäischen Union, NomosKommentar, 2. Aufl., Baden-Baden 2006

Hunold, Wolf (Bearb.), Gleichbehandlungsgebote und Diskriminierungsverbote im Betrieb – Handlungsmöglichkeiten des Betriebsrats, in: Glaubrecht, Helmut, Halberstadt, Gerhard, Zander, Ernst (Hrsg.), Betriebsverfassung in Recht und Praxis, Loseblatt-Sammlung, Freiburg im Breisgau, Stand des Gesamtwerkes: EL 06/06 – Dezember 2006

Huster, Stefan (Bearb.), in: Friauf, Heinrich, Höfling, Wolfram (Hrsg.), Berliner Kommentar zum Grundgesetz, Band 1, Loseblatt-Sammlung, Stand des Gesamtwerkes: 17. EL – August 2006

I

Ilbertz, Wilhelm, Widmaier, Ulrich, Bundespersonalvertretungsgesetz mit Wahlordnung unter Einbeziehung der Landespersonalvertretungsgesetze, Kommentar, Zehnte, völlig neu bearbeitete Aufl., Stuttgart 2004

Ipsen, Knut, Epping, Volker, v. Heinegg, Wolf Heintschel (Bearb.), Menzel, Eberhard, (Begr.), Völkerrecht, 5. völlig neu bearbeitete Aufl., München 2004

J

Jarass, Hans D. (Bearb.), in: Jarass, Hans D., Pieroth, Bodo (Hrsg.), Grundgesetz für die Bundesrepublik Deutschland, Kommentar, 7. Aufl., München 2004

Jünemann, Lothar, Lesen zwischen den Zeilen, Eine klare Judikatur zum AGG wird es erst in vielen Jahren geben, in: DRiZ, Heft Oktober 2006, S. 270

K

Kamanabrou, Sudabeh, Die arbeitsrechtlichen Vorschriften des Allgemeinen Gleichbehandlungsggesetzes, in: RdA Heft Nr. 6/2006, S. 321-339

Kania, Thomas (Bearb.), Diskriminierung, in: Küttner, Wolfdieter (Hrsg.), Personalbuch 2006, Arbeitsrecht, Lohnsteuerrecht, Sozialversicherungsrecht, 13., vollständig neubearbeitete Aufl., München 2006

Kania, Thomas, Merten, Sonja, Auswahl und Einstellung von Arbeitnehmern unter Geltung des AGG, ZIP Heft Nr. 1/2007, S. 8-15

Kingreen, Thorsten (Bearb.), in: Ehlers, Dirk (Hrsg.), Europäische Grundrechte und Grundfreiheiten, Berlin 2003

L

Langenfeld, Christiane (Bearb.), in: Grabitz, Eberhard (Begr.), Hilf, Meinhard (Hrsg.), Das Recht der Europäischen Union, Band 2, EUV/EGV, Loseblatt-Sammlung, München, Stand des Gesamtwerkes: 30. EL – Juni 2006

Lingscheid, Anja, Antidiskriminierung im Arbeitsrecht, Neue Entwicklungen im Gemeinschaftsrecht auf Grund der Richtlinien 2000/43/EG und 2000/78/EG und ihre Einführung in das deutsche Gleichbehandlungsrecht., Inaugural-Dissertation zur Erlangung der Doktorwürde einer Hohen Rechtswissenschaftlichen Fakultät der Universität zu Köln, Berlin 2004

Löwisch, Manfred, Kommentar zum Sprecherausschußgesetz, 2., neubearbeitete Aufl., Heidelberg 1994

Lorenzen, Uwe (Bearb.), in: Lorenzen, Uwe, Eckstein, Karlfriedrich (Begr.), Lorenzen, Uwe, Etzel, Gerhard, Gerhold, Diethelm (Hrsg.), Bundespersonalvertretungsgesetz, Kommentar, Band 2, Loseblatt-Sammlung, Heidelberg, Stand des Gesamtwerkes: 139. EL – September 2006

M

Maier, Götz A., Mehlich, Tobias, Das Ende des richterrechtlich entwickelten arbeitsrechtlichen Gleichbehandlungsgrundsatzes?, in: DB, Heft Nr. 2/2007, S. 110-113

Maurer, Hartmut, Allgemeines Verwaltungsrecht, 16., überarbeitete und ergänzte Auflage, München 2006

Meyer-Ladewig, Jens, Europäische Menschenrechtskonvention, Handkommentar, NomosKommentar, 2. Aufl. Baden-Baden 2006

Möller, Reinhard, Allgemeines Gleichbehandlungsgesetz (AGG) – Praxistipps zur Handhabe, AuA – Personal-Profi, Heft Nr. 7/2006, S. 394 f.

N

Neubacher, Alexander (Bearb.), Reformen – „Übelrichender Handkäse", in: Der Spiegel, Heft Nr. 20/2006, S. 30-33

Nickel, Rainer, Gleichheit und Differenz in der vielfältigen Republik, Plädoyer für ein erweitertes Antidiskriminierungsrecht, Baden-Baden 1999

Nollert-Borasio, Christiane, Perreng, Martina, Das Allgemeine Gleichbehandlungsgesetz, Inhalt der gesetzlichen Regelungen und Konsequenzen für die Praxis, in: Der Personalrat, Heft 8/2006, S. 316-322

O

Oberwinter, Jens-Wilhelm, Ziegler, Ulrich, AGG: Sanktionen, Beweislastverteilung und Klagerecht – Risiken und Nebenwirkungen für Arbeitgeber, in: FA, Heft Nr. 9/2006, S. 264-266

o.V., Antidiskriminierungsgesetz – Über das Ziel hinaus, in: Der Spiegel, Heft Nr. 18/2006, S. 22

o.V., International Labour Organization (Hrsg.), The ILO: What it is.What it does, Genf, Schweiz, o.J., Internet: http://www.ilo.org, Datum Zugriff und Ausdruck: 1.1.2007

o.V., Zur künftigen Rolle der Antidiskriminierungsverbände – Verbände wollen sich positionieren, in: Personalführung, Heft Nr. 11/2006, S. 14-16

P

Pieroth, Bodo, Schlink, Bernhard, Grundrechte, Staatsrecht II, 21. neu bearbeitete Aufl., Heidelberg 2005

Preis, Ulrich (Bearb.), in: Wlotzke, Otfried, Preis, Ulrich (Hrsg.), Betriebsverfassungsgesetz, Kommentar, 3. Aufl., München 2006

Preis, Ulrich (Bearb.), in: Dieterich, Thomas, Hanau, Peter, Schaub, Günter (Begr.), Dieterich, Thomas, Müller-Glöge, Rudi, Preis, Ulrich (Hrsg.), Erfurter Kommentar zum Arbeitsrecht, Beck'sche Kurz-Kommentare, Band 51, 7. neu bearbeitete Aufl., München 2007

Q

Quack, Friedrich (Bearb.), Charta der Grundrechte der Europäischen Union, in: Creifelds, Carl (Begr.), Weber, Klaus (Hrsg.), Rechtswörterbuch, 18., neu bearbeitete Aufl., München 2004

R

Röder, Gerhard, Krieger, Steffen, Einführung in das neue Antidiskriminierungsrecht, FA, Heft Nr. 7/2006, S. 199-202

S

Schaub, Günter (Bearb.), in: Schaub, Günther, Koch, Ulrich, Linck, Rüdiger (Hrsg.), Arbeitsrechts-Handbuch, Systematische Darstellung und Nachschlagewerk für die Praxis, 11. neu bearbeitete Aufl., München 2005

Schlachter, Monika (Bearb.), in: : Dieterich, Thomas, Hanau, Peter, Schaub, Günter (Begr.), Dieterich, Thomas, Müller-Glöge, Rudi, Preis, Ulrich (Hrsg.), Erfurter Kommentar zum Arbeitsrecht, Beck'sche Kurz-Kommentare, Band 51, 7. neu bearbeitete Aufl., München 2007

Schwab, Dieter, Schranken der Vertragsfreiheit durch die Antidiskriminierungsrichtlinien und ihre Umsetzung in Deutschland, in: DNotZ 2006, S. 649-678

Seel, Henning, AGG – Schadensersatz für Diskriminierung im Bewerbungsverfahren, in: MDR, Heft Nr. 23/2006, S. 1321-1325

Sehrbrock, Ingrid (Bearb.), Allgemeines Gleichbehandlungsgesetz, Deutscher Gewerkschaftsbund, Bundesvorstand (Hrsg.), Informationen zum Arbeits- und Sozialrecht, Berlin, Ausgabe Juni 2006

Sehrbrock, Ingrid (Bearb.), Allgemeines Gleichbehandlungsgesetz, Überblick über die Neuregelungen mit praktischen Erläuterungen, in: Deutscher Gewerkschaftsbund, Bundesvorstand (Hrsg.), Informationen zum Arbeits- und Sozialrecht, Berlin, Ausgabe Dezember 2006

Streinz, Rudolf, Europarecht, 7. völlig neu bearbeitete Aufl., Heidelberg 2005

Stuber, Michael, Das Allgemeine Gleichbehandlungsgesetz in der betrieblichen Praxis, Freiburg, Berlin, München, Würzburg 2006

T

Thüsing, Gregor, Das künftige Anti-Diskriminierungsrecht als Herausforderung für Wissenschaft und Praxis, in: ZFA Heft Nr. 2/2006, S. 241-256

W

Wagner, Gerhard, Potsch, Nicolas, Haftung für Diskriminierungsschäden nach dem Allgemeinen Gleichbehandlungsgesetz, in: JZ, Heft Nr. 22/2006, S. 1085-1100

Walter, Christian (Bearb.), in: Ehlers, Dirk (Hrsg.), Europäische Grundrechte und Grundfreiheiten, Berlin 2003

Weber, Klaus (Bearb.), Internationale Arbeitsorganisation, in: Creifelds, Carl (Begr.), Weber, Klaus (Hrsg.), Rechtswörterbuch, 18., neu bearbeitete Aufl., München 2004

Weber, Klaus (Bearb.), Konvention zum Schutz der Menschenrechte und Grundfreiheiten, in: Creifelds, Carl (Begr.), Weber, Klaus (Hrsg.), Rechtswörterbuch, 18., neu bearbeitete Aufl., München 2004

Weidenkaff, Walter (Bearb), in: Palandt, Otto (Begr.), Bassenge, Peter, Brudermüller, Gerd, Diederichsen, Uwe (Hrsg.), Bürgerliches Gesetzbuch, Beck'sche Kurzkommentare, Band 7, 66. neubearbeitete Aufl., München 2007

Weidenkaff, Walter (Bearb.), Artikelgesetz, in: Creifelds, Carl (Begr.), Weber, Klaus (Hrsg.) Rechtswörterbuch, 18., neu bearbeitete Aufl., München 2004

Weidenkaff, Walter (Bearb.), Auslegung (Interpretation), in: Creifelds, Carl (Begr.), Weber, Klaus (Hrsg.) Rechtswörterbuch, 18., neu bearbeitete Aufl., München 2004

Weidenkaff, Walter (Bearb.), Subjektives Recht, in: Creifelds, Carl (Begr.), Weber, Klaus (Hrsg.) Rechtswörterbuch, 18., neu bearbeitete Aufl., München 2004

Wisskirchen, Gerlind, AGG, Allgemeines Gleichbehandlungsgesetz, Auswirkungen auf die Praxis, 2. aktualisierte und erweiterte Aufl., Frechen 2006

Wisskirchen, Gerlind, Der Umgang mit dem Allgemeinen Gleichbehandlungsgesetz – Ein „Kochrezept" für Arbeitgeber, in: DB, Heft Nr. 27/28/2006, S. 1491-1499

Wißmann, Helmut (Bearb.), in: Dieterich, Thomas, Hanau, Peter, Schaub, Günter (Begr.), Dieterich, Thomas, Müller-Glöge, Rudi, Preis, Ulrich (Hrsg.), Erfurter Kommentar zum Arbeitsrecht, Beck'sche Kurz-Kommentare, Band 51, 7. neu bearbeitete Aufl., München 2007

Z

Zimmer, Mark, Volk, Annette, Allgemeines Gleichbehandlungsgesetz – die Diskriminierungsmerkmale, in: FA, Heft Nr. 9/2006, S. 258-260

Zuleeg, Manfred (Bearb.), in: von der Groeben, Hans, Schwarze, Jürgen (Hrsg.), Kommentar zum Vertrag über die Europäische Union und zur Gründung der Europäischen Gemeinschaft, Band 1, Art. 1-53 EUV, Art. 1-80 EGV, 6. Aufl. Baden-Baden 2003

Rechtsprechungsverzeichnis

Rechtsprechungsverzeichnis			
Gericht	**Datum**	**Aktenzeichen**	**Fundstelle**
ArbG Ludwigshafen	Urt. vom 12.5.1993	3 Ca 3165/92	BB 1994, S. 861-862
BAG	Urt. vom 23.6.1994	2 AZR 617/93	NZA Heft Nr. 23/1994, S. 1080-1083
BAG	Beschl. vom 22.3.1995	5 AZB 21/94	NZA Heft Nr. 17/1995, S. 823-834
BAG	Urt. vom 10.10.2002	2 AZR 472/01	NZA Heft Nr. 9/2003, S. 483-487
BAG	Beschl. vom 18.2.2003	1 ABR 2/02	NZA Heft Nr. 13/2003, S. 742-751
BAG	Urt. vom 5.2.2004	8 AZR 112/03	NZA Heft Nr. 10/2004, S. 540-545
BVerfG	Urt. vom 24.9.2003	2 BvR 1436/02	NJW Heft Nr. 43/2003, S. 3111-3122
EuGH	Urt. vom 22.6.1972	Rs. 1/72 (Frilli/Belgien)	Slg. 1972, S. 457-482
EuGH	Urt. vom 27.10.1976	Rs. 130/75 (Paris/Rat)	Slg. 1976, S. 1589-1610

Gericht	Datum	Aktenzeichen	Fundstelle
EuGH	Urt. vom 19.10.1977	verbundene Rs. 117/76 und 16/77 (Ruckde-schel/Hauptzollamt Hamburg-St. Annen)	Slg. 1977, S. 1753-1793
EuGH	Urt. vom 25.10.1978	Rs. 125/77 (Koninklijke Scholten-Honig/Hoofdproduktschup voor Akkerbouwprodukten)	Slg. 1978, S. 1991-2034
EuGH	Urt. vom 15.5.1986	Rs. 224/84 (Johnstou/Chief Constable of the Royal Ulster Constabulary)	Slg. 1986, S. 1651-1694
EuGH	Urt. vom 10.1.1992	Rs. C-177/90 (Kühn)	Slg. 1992, Teil I, S. 35-Teil I, S.68
EuGH	Urt. vom 15.3.1994	Rs. C-45/93 (Kommission/Spanien)	Slg. 1994, Teil I, S. 911-Teil I, S. 945
EuGH	Urt. vom 22.4.1997	Rs. C- 180/95	NZA Heft Nr. 12/1997, S. 645-647
EuGH	Urt. vom 17.9.2002	Rs. C-320/00 (Lawrence u.a.)	Slg. 2002, Teil I, S. 7325-Teil I S. 7355
EuGH	Urt. vom 5.10.2004	Rs. C-397/01-C403/01 (Pfeiffer/DRK)	NZA Heft Nr. 20/2004, S. 1145-1152
EuGH	Urt. vom 11.7.2006	Rs. C-13/05 (Sonia Chacón Navas/Eurest Colectividades SA	NZA Heft Nr. 15/2006 S. 839-841
LAG Berlin	Urt. vom 11.6.1997	13 Sa 19/97	LAGE § 626 BGB Nr. 112

Gericht	Datum	Aktenzeichen	Fundstelle
LAG Hamm	Urt. vom 18.1.2002	5 Sa 1782/01	LAGE § 616 BGB Nr. 11
LAG Hamm	Urt. vom 26.2.2002	5 Sa 1582/01	LAGE Art. 4 GG Nr. 3

Tab. 2: Rechtsprechungsverzeichnis

Quellenverzeichnis

Quellenverzeichnis I (Gesetze)

A

Allgemeines Gleichbehandlungsgesetz (AGG) vom 14.8.2006 (BGBl. 2006 I S. 1897), geändert durch Art. 8 Abs. 1 Gesetz zur Änderung des Betriebsrentengesetzes und anderer Gesetze vom 2.12.2006 (BGBl. 2006 I S. 2742).

Arbeitsgerichtsgesetz (ArbGG) i.d.F. der Bek. vom 2.7.1979 (BGBl. 1979 I S. 853, 1036), zuletzt geändert durch Art. 8 Abs. 3 Gesetz zur Änderung des Betriebsrentengesetzes und anderer Gesetze vom 2.12.2006 (BGBl. 2006 I S. 2742).

B

Betriebsverfassungsgesetz (BetrVG) i.d.F. der Bek. vom 25.9.2001 (BGBl. 2001 I S. 2518), zuletzt geändert durch Art. 221 Neunte Zuständigkeitsanpassungsverordnung vom 31.10.2006 (BGBl. 2006 I S. 2407)

Bürgerliches Gesetzbuch (BGB) i.d.F. der Bek. vom 2.1.2002 (BGBl. 2002 I S. 42, ber. S. 2909 und BGBl. 2003 I S. 738), zuletzt geändert durch Art. 8 Abs. 5 Gesetz zur Änderung des Betriebsrentengesetzes und anderer Gesetze vom 2.12.2006 (BGBl. 2006 I S. 2742).

Bundespersonalvertretungsgesetz (BPersVG) vom 15.3.1974 (BGBl. 1974 I S. 693), zuletzt geändert durch Art. 3 Abs. 4 Gesetz zur Umsetzung europäischer Richtlinien zur Verwirklichung des Grundsatzes der Gleichbehandlung vom 14.8.2006 (BGBl. 2006 I S. 1897)

Bundesgleichstellungsgesetz (BGleiG) vom 30.11.2001 (BGBl. 2001 I S. 3234), geändert durch Art. 3 Abs. 11 Gesetz zur Umsetzung europäischer Richtlinien zur Verwirklichung des Grundsatzes der Gleichbehandlung vom 14.8.2006 (BGBl. 2006 I S. 1897)

E

Europäische Konvention zum Schutze der Menschenrechte und Grundfreiheiten (EMRK) vom 4.11.1950 (BGBl. 1952 II S. 685). Die EMRK wurde am 5.12.1952 durch die BRD ratifiziert. Die Ratifizierung durch die BRD erfolgte unter dem Vorbehalt, dass Art. 7 Abs. 2 der Konvention nur in den Grenzen von Art. 103 Abs. 2 GG angewendet wird. Die EMRK trat am 3.9.1953 in der BRD in Kraft (vgl. Bek. vom 15.12.1953 (BGBl. 1954 II S. 14). Die EMRK wurde zuletzt geändert durch Protokoll Nr. 11 vom 11.5.1994 (BGBl. 1995 II S. 579), in Kraft seit 1.11.1998, in der Neufassung vom 17.5.2002 (BGBl. 2002 II S. 1055)

Europäische Sozialcharta vom 18.10.1961. Siehe hierzu das Gesetz vom 19.9.1964 (BGBl. 1964 II S. 1262) sowie die Bek. vom 9.8.1965 (BGBl. 1965 II S. 1122), wonach die Sozialcharta für die BRD am 26.2.1965 – ausgenommen die Art. 4 Abs. 4, 7 Abs. 1, 8 Abs. 2 und 4, 10 Abs. 4 – in Kraft getreten ist (vgl. Art. 20 der Sozialcharta).

Europäische Sozialcharta (revidierte Fassung) vom 3.5.1996. Die revidierte Fassung ist im Internet in der nichtamtlichen deutschen Übersetzung abrufbar unter: http://conventions.coe.int/Treaty/ger/Treaties/Html/163.htm (Stand: 13.12.2006)

G

Gesetz zum Schutz der Beschäftigten vor sexueller Belästigung am Arbeitsplatz (Beschäftigtenschutzgesetz – BeschäftigtenschutzG –) vom 24.6.1994 (BGBl. 1994 I S. 1406), zuletzt geändert durch Art. 4 Gesetz zur Umsetzung europäischer Richtlinien zur Verwirklichung des Grundsatzes der Gleichbehandlung vom 14.8.2006 (BGBl. 2006 I S. 1897)

Gesetz über Sprecherausschüsse der leitenden Angestellten (Sprecherausschussgesetz – SprAuG) vom 20.12.1988 (BGBl. 1988 I S. 2312), zuletzt geändert durch Art. 3 Abs. 6 Gesetz zur Umsetzung europäischer Richtlinien zur Verwirklichung des Grundsatzes der Gleichbehandlung vom 14.8.2006 (BGBl. 2006 I S. 1897)

Gesetz über Teilzeitarbeit und befristete Arbeitsverträge (Teilzeit- und Befristungsgesetz – TzBfG) vom 21.12.2000 (BGBl. 2000 I S. 1966), zuletzt geändert durch Art. 2 Gesetz zu Reformen am Arbeitsmarkt vom 24.12.2003 (BGBl. 2003 I S. 3002)

Gesetz zur Regelung der gewerbsmäßigen Arbeitnehmerüberlassung (Arbeitnehmerüberlassungsgesetz – AÜG) i.d.F. der Bek. vom 3.2.1995 (BGBl. 1995 I S. 158), zuletzt geändert durch Art. 233 Neunte Zuständigkeitsanpassungsverordnung vom 31.10.2006 (BGBl. 2006 I S. 2407)

Gesetz zur Umsetzung europäischer Richtlinien zur Verwirklichung des Grundsatzes der Gleichbehandlung vom 14.8.2006 (BGBl. 2006 I S. 1897)

Grundgesetz für die Bundesrepublik Deutschland (GG) vom 23.5.1949 (BGBl. 1949 I S. 1), zuletzt geändert durch das Gesetz zur Änderung des Grundgesetzes (Art. 22, 23, 33, 52, 72, 73, 74, 74a, 75, 84, 85, 87c, 91a, 91b, 93, 98, 104a, 104b, 105, 107, 109, 125a, 125b, 125c, 143c) vom 28.8.2006 (BGBl. 2006 I S. 2034).

H

Heimarbeitsgesetz (HAG) vom 14.3.1951 (BGBl. 1951 I S. 191), zuletzt geändert durch Art. 255 Neunte Zuständigkeitsanpassungsverordnung vom 31.10.2006 (BGBl. 2006 I S. 2407)

K

Kündigungsschutzgesetz (KSchG) i.d.F. der Bek. vom 25.8.1969 (BGBl. 1969 I S. 1317), zuletzt geändert durch Art. 6 Viertes Gesetz zur Änderung des SGB III und anderer Gesetze vom 19.11.2004 (BGBl. 2004 I S. 2902)

R

Richtlinie 76/207/EWG zur Verwirklichung des Grundsatzes der Gleichbehandlung von Männern und Frauen hinsichtlich des Zugangs zur Beschäftigung, zur Berufsausbildung und zum beruflichen Aufstieg sowie in Bezug auf die Arbeitsbedingungen vom 9.2.1976 (ABl. Nr. L39/40)

Richtlinie 2000/43/EG des Rates zur Anwendung des Gleichbehandlungsgrundsatzes ohne Unterschied der Rasse oder der ethnischen Herkunft vom 29.6.2000 (ABl. Nr. 180/22)

Richtlinie 2000/78/EG des Rates zur Festlegung eines allgemeinen Rahmens für die Verwirklichung der Gleichbehandlung in Beschäftigung und Beruf vom 27.11.2000 (ABl. Nr. L 303/16)

Richtlinie 2002/73/EG des Europäischen Parlaments und des Rates vom 23.9.2002 zur Änderung der Richtlinie 76/207/EWG des Rates zur Verwirklichung des Grundsatzes der Gleichbehandlung von Männern und Frauen hinsichtlich des Zugangs zur Beschäftigung, zur Berufsbildung und zum beruflichen Aufstieg sowie in Bezug auf die Arbeitsbedingungen (ABl. Nr. L 269/15)

Richtlinie 2004/113/EG des Rates vom 13.9.2004 zur Verwirklichung des Grundsatzes der Gleichbehandlung von Männern und Frauen beim Zugang und bei der Versorgung mit Gütern und Dienstleistungen (ABl. Nr. L 373/37)

S

Soldatinnen- und Soldaten-Gleichbehandlungsgesetz (SoldGG) vom 14.8.2006 (BGBl. 2006 I S. 1897), geändert durch Art. 8 Abs. 2 Gesetz zur Änderung des Betriebsrentengesetzes und anderer Gesetze vom 2.12.2006 (BGBl. 2006 I S. 2742).

Sozialgesetzbuch Viertes Buch – Gemeinsame Vorschriften für die Sozialversicherung – (SGB IV) i.d.F. der Bek. vom 23.1.2006 (BGBl. 2006 I S. 86, 466), zuletzt geändert durch Art. 3 Gesetz zur Änderung des Betriebsrentengesetzes und anderer Gesetze vom 2.12.2006 (BGBl. 2006 I S. 2742)

Sozialgesetzbuch Neuntes Buch – Rehabilitation und Teilhabe behinderter Menschen – (SGB IX) vom 19.6.2001 (BGBl. 2001 I S. 1046), zuletzt geändert durch Art. 6 Gesetz zur Änderung des Betriebsrentengesetzes und anderer Gesetze vom 2.12.2006 (BGBl. 2006 I S. 2742)

T

Tarifvertragsgesetz (TVG) i.d.F. der Bek. vom 25.8.1969 (BGBl. 1969 I S. 1323). Zuletzt geändert durch Art. 175 Achte Zuständigkeitsanpassungsverordnung vom 25.11.2003 (BGBl. 2003 I S. 2304)

V

Verfassung der Internationalen Arbeitsorganisation. Der ursprüngliche, im Jahre 1919 aufgestellte Text der Verfassung ist zuletzt abgeändert worden durch Abänderungsurkunde vom 27.6.1972 mit Wirkung vom 1.11.1974 (Bek. vom 21.11.1975 (BGBl. 1975 II S. 2206). Die Verfassung ist in den amtlichen ILO-Sprachen abgefasst (engl. und französisch). Der deutsche Text ist nicht authentisch. Der deutsche Text ist z.B. in Nipperdey I, Arbeitsrechtliche Textsammlung, Loseblatt-Sammlung, München, Stand der Gesamtsammlung: 78. EL – Oktober 2006, Ordnungsnummer 1081, Stand der zitierten Textstelle: 49. EL – Dezember 1993, S. 1 ff., abgedruckt. Der in der vorgenannten Textsammlung abgedruckte deutsche Text bildet die im Einvernehmen mit Vertretern der Regierungen der BRD, der Republik Österreich und der Schweizerischen Eidgenossenschaft auf der im September 1955 in Freundschaft ab-

gehaltenen Übersetzungskonferenz vereinbarte offizielle Übersetzung der
französischen und engl. Urtexte der im Zeitpunkt dieser Konferenz geltenden Verfassung der Internationalen Arbeitsorganisation. Die engl. Fassung
der Verfassung der ILO ist im Internet abrufbar unter:
http://www.ilo.org/public/english/about/iloconst.htm, Datum Zugriff
und Ausdruck: 1.1.2007.

Verfassung des Deutschen Reichs (Weimarer Reichsverfassung [WRV]), vom
11.8.1919 (RGBl. S. 1383)

Vertrag über die Europäische Union (EUV) vom 7.2.1992 (ABl. Nr. C 191 S. 1), zuletzt geändert durch Art. 12 EU-Beitrittsakte 2003 vom 16.4.2003 (ABl. Nr. L
236 S. 33)

Vertrag über die Gründung der Europäischen Gemeinschaft für Kohle und Stahl
(EGKSV) vom 18.4.1951 (BGBl. 1952 II S. 447), zuletzt geändert durch Art. 4
Nizza-Vertrag vom 26.2.2001 (ABl. Nr. C 80 S. 36)

Vertrag zur Gründung der Europäischen Atomgemeinschaft (EAGV), konsolidierte
Fassung unter Berücksichtigung der Änderungen, wies sie sich aus dem Vertrag über die Europäische Union, unterzeichnet zu Maastricht am 7.2.1992,
ergeben, Internet: http//www.eur-
lex.europa.eu/de/treaties/dat/12006A/12/12006A.html, Datum Zugriff
und Ausdruck: 3.2.2007

Vertrag zur Gründung der Europäischen Gemeinschaft (EGV) vom 25.3.1957 (BGBl.
1957 II S. 766), i.d.F. des Amsterdamer Vertrages vom 2.10.1997 (BGBl. 1998 II
S. 386, 465, ber. BGBl. 1999 II S. 416), zuletzt geändert durch EU-Beitrittsakte
2003 vom 16.4.2003 (ABl. Nr. L 236 S. 33)

Z

Zivilprozessordnung (ZPO) i.d.F. der Bek. vom 5.12.2005 (BGBl. 2005 I S. 3202,
ber. BGBl. 2006 I S. 431)

Quellenverzeichnis II (Internetquellen)

Fuchs, Maximilian (Bearb.), in: Bamberger, Heinz Georg, Roth, Herbert (Hrsg.),
Beck'scher Online-Kommentar BGB, München, Stand des Gesamtwerkes:
01.11.2006, Internet:

http://www.rsw.beck.de/bib/bin/show.asp?vpath=%2Fbibdata%2Fkom...,
Datum Zugriff und Ausdruck: 8.1.2007

o.V., International Labour Organization (Hrsg.), The ILO: What it is.what it
does, Genf, Schweiz, o.J., Internet: http://www.ilo.org, Datum Zugriff und
Ausdruck: 1.1.2007

Verfassung der Internationalen Arbeitsorganisation. Der ursprüngliche, im Jahre
1919 aufgestellte Text der Verfassung ist zuletzt abgeändert worden durch
Abänderungsurkunde vom 27.6.1972 mit Wirkung vom 1.11.1974 (Bek. vom
21.11.1975 (BGBl. 1975 II S. 2206). Die Verfassung ist in den amtlichen ILO-
Sprachen abgefasst (engl. und französisch). Der deutsche Text ist nicht authentisch. Der deutsche Text ist z.b. in Nipperdey I, Arbeitsrechtliche Textsammlung, Loseblatt-Sammlung, München, Stand der Gesamtsammlung: 78.
EL – Oktober 2006, Ordnungsnummer 1081, Stand der zitierten Textstelle: 49.
EL – Dezember 1993, S. 1 ff., abgedruckt. Der in der vorgenannten Textsammlung abgedruckte deutsche Text bildet die im Einvernehmen mit Vertretern der Regierungen der BRD, der Republik Österreich und der Schweizerischen Eidgenossenschaft auf der im September 1955 in Freundschaft abgehaltenen Übersetzungskonferenz vereinbarte offizielle Übersetzung der
französischen und engl. Urtexte der im Zeitpunkt dieser Konferenz geltenden Verfassung der Internationalen Arbeitsorganisation. Die engl. Fassung
der Verfassung der ILO ist im Internet abrufbar unter:
http://www.ilo.org/public/english/about/iloconst.htm, Datum Zugriff
und Ausdruck: 1.1.2007.

Vertrag zur Gründung der Europäischen Atomgemeinschaft (EAGV), konsolidierte
Fassung unter Berücksichtigung der Änderungen, wies sie sich aus dem Vertrag über die Europäische Union, unterzeichnet zu Maastricht am 7.2.1992,
ergeben, Internet: http//www.eur-
lex.europa.eu/de/treaties/dat/12006A/12/12006A.html, Datum Zugriff
und Ausdruck: 3.2.2007